일본인들의 생활소비 행동과 생활어휘 들여다 보기

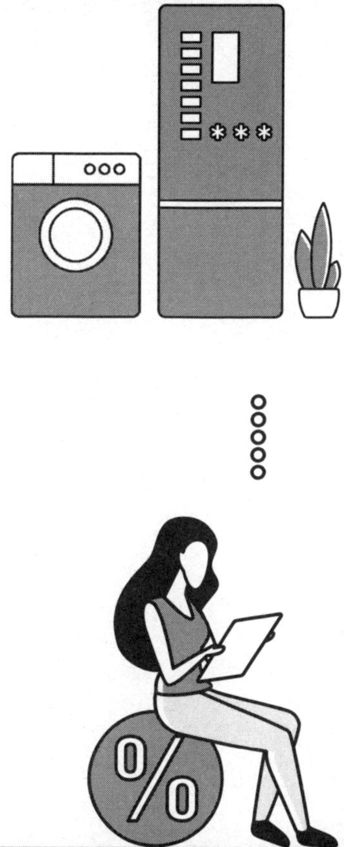

생활전단지를 통한 통찰력 있는 여정

천호재 · 마쓰오카 치즈코 공저

신아사

저자 서언

본서는 일본에서 실제로 배포된 전단지(생활광고 전단지)를 한국어로 번역하여 만들어진 이를테면 현장 일본어와 일본 생활문화 학습교재입니다. 본서에서는 건강식품, 가구, 도시락, 노래방, 묘지 등, 일본의 일상생활에 관련된 각양각색의 내용들을 다루었기 때문에 독자분들께서는 일본에서 만나게 될 다양한 장면과 어휘를 접할 수가 있을 뿐만 아니라 현지생활을 통해서만 알 수 있는 다양한 생활문화를 간접적으로 이해할 수 있습니다.

본서는 일본의 생활 전단지 내용과 그 내용에 대응하는 한국어를 단순히 제시하는 방식으로 집필하였지만, 사실은 다양한 활용방안을 염두에 두고 있습니다. 먼저 본서를 사용하여 일본의 생활문화와 관련된 어휘실력을 키울 수 있습니다. 일상생활의 다양한 측면과 관련된 광범위한 생활어휘들을 보고 암기하고 활용하면 일본에 거주하지 않으면서도 일본생활에서 필요한 생활어휘들을 습득할 수 있습니다. 즉 본서는 각 분야별 전단지 어휘들을 제시하였으므로 테마나 주제별로 해당 어휘들을 체계적으로 이해하고 암기할 수 있습니다.

둘째, 본서를 통해 일본어 문법, 읽기, 듣기 연습이 가능합니다. 일본어를 배우는 학생들은 본서에서 제시하는 일본어 어휘와 문법을 읽고 이해하는 연습을 할 수 있습니다. 또 본서를 회화 실력을 향상시키는 지렛대로 활용할 수 있습니다. 전단지에 나오는 내용들을 토대로 일본 원어민과의 대화, 혹은 일본어 교사와 학생들, 나아가 학생들끼리 짝 맞추기 게임이나 빈칸 채우기 활동과 같은 대화형 연습이 가능하며, 연습이 반복되면 2인 이상 그룹별로 자연스럽고 원만한 대화를 나누는 것도 가능할 것입니다.

셋째, 본서는 창의적 글쓰기를 위한 소스로 활용이 가능합니다. 본서가 제시하는 전단지 내용을 가지고 일본어로 광고 문구를 제작하거나, 제품의 설명, 기획, 나아가 에세이나 난편소설을 작성하는 등의 글쓰기 연습이 가능할 것입니다.

넷째, 일본어 문장에 대한 한국어 번역 연습도 가능합니다. 본서에서는 일본어 텍스트를 한국어로 번역하였기 때문에 번역된 문장을 보면서 일본어 문장 독해에 자신감을 키울 수 있습니다. 한국어와 일본어 번역이 일대일로 대응하지 않아 적절한 한국어로 번역하는 일이 생각보다 많이 어려웠습니다. 따라서 "나라면 이렇게 번역을 할텐데..." 라는 마음가짐으로 본서에 제시된 번역을 비판적으로 읽어주시면 감사하겠습니다.

다섯째, 본서를 통해 일본 광고주들의 광고전략을 학습할 수 있습니다. 즉 본서를 통해 일본의 생활문화가 주는 문화적 가치와 광고주의 신념, 마케팅의 유형 등이 소비자의 소비행위에 어떠한 영향을 미치는지를 이해할 수 있습니다.

여섯째, 이미 언급하였지만 일본문화에 몰입할 수 있습니다. 본서를 통해 일본 일상생활의 다양한 측면을 탐구함으로써 일본의 생활문화나 전통문화, 대중문화 등을 폭넓게 이해할 수 있습니다.

일곱째, 본서를 활용하여 실용적인 목적을 수행할 수 있습니다. 예를 들어 본서에 등장하는 관광지나 음식 등을 통해 잠재적인 여행지를 선정하고, 그 여행지에서 구체적으로 행할 활동들을 계획하고 식별하는 등의 여행계획을 세울 수 있을 것입니다. 또 일본의 현지생활에서 비롯되는 다양한 상황을 탐색하거나 결정을 내리는 데에 필요한 방법을 배울 수도 있을 것입니다.

여덟째, 일본의 전단지가 주는 시각효과를 학습할 수 있습니다. 전단지에는 어휘와 문구를 기억하는 데 도움이 되는 다채롭고 눈길을 끄는 일본 특유의 그래픽이나 디자인이 들어 있기 때문입니다.

아홉째, 우리나라의 전단지와 비교 분석이 가능합니다. 일본의 전단지 광고를 우리나라의 전단지 광고와 비교함으로써 일본과 한국의 생활문화에 내재된 유사점과 차이점에 대한 통찰력을 얻을 수 있습니다.

열번째, 비즈니스 교육 소재로 본서를 활용할 수 있습니다. 일본 고객을 상대로 하는 사람들이 본서를 통해 분야별 어휘를 익히고 일본 비즈니스 관행을 이해함으로써 현장에 직접 가지 않아도 현장의 생생한 분위기가 주는 예리한 통찰력을 획득할 수 있을 것입니다.

열한번째, 본서는 학술연구로도 활용이 가능합니다. 일본어, 일본문화 또는 일본사회를 연구하는 연구자들은 본서의 내용을 토대로 연구 프로젝트를 수립하는 데에 주요 소스로 사용할 수 있을 것입니다.

열두번째, 본서는 학제 간 연구로 활용할 수 있습니다. 본서는 광범위한 분야를 담고 있기 때문에 사회학, 인류학, 마케팅 및 디자인과 같은 분야의 학제 간 연구를 위한 귀중한 자료로 활용이 가능할 것으로 기대됩니다.

열세번째, 본서는 네트워킹으로 활용이 가능할 것으로 생각합니다. 마케팅 또는 수입 및 수출업계에 종사하는 전문가가 본서에 나오는 전단지 내용을 학습하여 일본의 잠재적인 비즈니스 파트너 또는 공급업체를 식별해낼 수 있을 것으로 보기 때문입니다.

마지막으로, 본서에 제시된 전단지 내용을 토대로 일본 생활문화와 사회의 다양한 측면을 탐구하는 팟캐스트 또는 비디오 콘텐츠를 제작하는 데에 기여가 가능할 것으로 생각이 됩니다.

이상, 본서의 가치를 알아보시고 세상에 얼굴을 내밀 수 있도록 큰 힘이 되어주신 도서출판 신아사의 정현걸 대표님과 한규갑 상무님께 감사드립니다. 또 원고의 정리에서 편집, 표지 제작에 힘써 주신 김금란 편집장님을 비롯한 편집부 직원님들에게도 감사의 말씀을 전합니다.

2023년 6월에

저자 천호재·마쓰오카 치즈코(松岡知津子)

著者序言

本書は日本で実際に配布されたチラシ(生活広告チラシ)を韓国語に翻訳して作られた、現場の日本語と日本生活文化学習教材です。本書では健康食品、家具、お弁当、カラオケ、墓地など、日本の日常生活に関する様々な内容を扱っていますので、読者の方々は日本で出会いうる様々な場面や語彙に接することができるだけでなく、現地の生活でしか分からない多様な生活文化を間接的に理解することができます。

本書は日本の生活チラシの内容とその内容に対応する韓国語を単純に提示する方式でできていますが、様々な活用策が考えられます。まず本書を使って日本の生活文化と関連した語彙力を育てることができます。日常生活の多様な側面と関連した広範囲な生活語彙を聞いて暗記して活用すれば日本に居住しなくても日本の生活で必要な生活語彙を習得することができます。つまり本書は分野別にチラシの語彙を提示しているので、テーマやテーマ別に該当語彙を体系的に理解し暗記することができます。

第二に、本書を通じて日本語文法、読み書き練習が可能です。日本語を学ぶ学生たちは本書で提示する日本語語彙と文法を読んで理解する練習ができます。また本書を会話の実力を向上させるテコとして活用することもできます。チラシに出てくる内容を基に、日本のネイティブスピーカー、あるいは日本語教師と学生たち、ひいては学生同士がペアゲームや空欄を埋める活動のような対話型練習が可能であり、練習を繰り返し行えば2人以上のグループ別に自然で円満な対話を交わすことも可能でしょう。

第三に、本書は創造的作文のソースとして活用できます。本書が提示するチラシの内容を持って日本語で広告文句を制作したり、製品を説明したり、企画、ひいてはエッセイや短編小説を作成するなどの作文練習が可能でしょう。

第四に、日本語の文章に対する韓国語翻訳の練習も可能です。本書では日本語のテキストを韓国語に翻訳したため、翻訳された文章を見ながら日本語の文章の読解に対して自信をつけることができます。日本語と韓国語の翻訳が一対一で対応しないため、適切な韓国語に翻訳することが想像以上に難しかったです。したがって、"私ならこのように翻訳をするのに…"という気持ちで本書に提示された翻訳を批判的に読んでいただければ幸いです。

第五に、本書を通じて日本の広告主の広告戦略を学ぶことができます。つまり本書を通じて日本の生活文化が与える文化的価値と広告主の信念、マーケティングの類型などが消費者の消費行為にどのような影響を及ぼすのかを理解することができます。

第六に、すでに言及しましたが、日本文化に没頭することができます。本書を通じて日本の日常生活の多様な側面を探求することで、日本の生活文化や伝統文化、大衆文化などを幅広く理解することができます。

第七に、本書を活用して実用的な目的を遂行することができます。例えば本書に登場する観光地や食べ物などを通じて潜在的な旅行地を選定し、その旅行先で具体的に行う活動を計画し識別するなどの旅行計画を立てることができるでしょう。また、日本の現地生活から始まる様々な状況を探索したり、決定を下したりするのに必要な方法を学ぶこともできるでしょう。

第八に、日本のチラシが与える視覚効果を学ぶことができます。チラシには語彙やフレーズを覚えるのに役立つ多彩で目を引く日本独特のグラフィックやデザインが入っているからです。

第九に、韓国のチラシとの比較分析が可能です。日本のチラシ広告を韓国のチラシ広告と比較することで、日本と韓国の生活文化に内在する類似点と相違点に対する洞察力を得ることができます。

第十に、ビジネス教育の素材として本書を活用できます。日本の顧客を相手にする人々が本書を通じて分野別語彙を学び、日本のビジネス慣行を理解することで現場に直接行かなくても現場の生き生きとした雰囲気が与える鋭い洞察力を獲得できるでしょう。

第十一に、本書は学術研究としても活用できます。日本語、日本文化、または日本社会を研究する研究者は、本書の内容を研究プロジェクトの策定において主要なソースとして使用することができるでしょう。

第十二に、本書は学際的研究にも活用できます。本書は広範囲な内容を含んでいるため、社会学、人類学、マーケティングおよびデザインといった分野の学際間研究のための貴重な資料として活用できることが期待されます。

第十三に、本書はネットワーキングとして活用できると思います。マーケティングまたは輸入および輸出業界に携わる専門家が本書に出てくるチラシの内容を学習し、日本の潜在的なビジネスパートナーまたはサプライヤーを識別できると考えているからです。

最後に、本書で示されたチラシの内容をもとに、日本の生活文化や社会のさまざまな側面を探求するポッドキャストまたはビデオコンテンツの制作に貢献できると考えられます。

以上、本書の価値を調べ、世の中に顔を出せるよう大きな力になってくださった図書出版新亜社のチョン·ヒョンゴル代表とハン·ギュガプ常務に感謝します。また原稿のまとめで編集、表紙製作に励んでくださったキム·クムラン編集長をはじめとする編集部職員の方々にも感謝申し上げます。

2023年6月

著者 千昊載·松岡知津子

목차

일본인들의 **생활소비 행동**과 **생활어휘** 들여다 보기

생활전단지를 통한 통찰력 있는 여정

新古家具
THE ONE
最後の一品だから
特別価格販売
11/28㊏→12/6㊐
10:30—18:30
■水曜定休
LifeStyleStore OKAMOTO 岡本総本店
廃番・旧型モデル・長期展示品など
●本革張り一部合皮
●リクライニング機構
ソファ
W196×H95×D98(cm)
一般市場価格 355,000円+税
150,000円+税
●テーブル/昇降式W135×H57〜71×D80
●収納引出2杯付
LD3点セット
W217×H77×D150(cm)
一般市場価格 182,000円+税
98,000円+税
●人気のロータイプシェーズソファ
カウチソファ
W234×H70×D138(cm)
一般市場価格 78,000円+税
50,000円+税
●LEDライト、2口コンセント付
●引出し付き
シングルベッド
W101×H82×D208(cm)
一般市場価格 41,800円+税
29,800円+税
●ナラ材 ●椅子Sバネ
●国内メーカー
ダイニング5点セット
W180×H66×D100(cm)
一般市場価格 289,000円+税
150,000円+税
●天板/ウォールナット無垢
ダイニング5点セット
W135×H70×D80(cm)
一般市場価格 69,800円+税
49,800円+税
●パイン材
●人気のクロスガラス
ダイニングボード
W76×H180×D45(cm)
一般市場価格 53,680円+税
30,000円+税
●パイン材
●モイス付
●人気のクロスガラス
レンジボード
W114×H180×D45(cm)
一般市場価格 76,780円+税
50,000円+税
●大型TV対応
TVボード
W181×H33×D47(cm)
一般市場価格 71,700円+税
30,000円+税
●ウォールナット色
●脚アイアン
リビングテーブル
W135×H35×D80(cm)
一般市場価格 77,100円+税
28,000円+税
●タモ材 ●ナチュラル
リビングテーブル
W105×H40×D45(cm)
一般市場価格 24,455円+税
17,100円+税
4F
USED FURNITURE SHOP
Re needs
TEL 059 - 225 - 0611
三重県公安委員会/古物商許可番号第551220218200号
●本革張り一部合皮●ハイバックモデル
ソファ
W196×H101×D95(cm)
一般市場価格 108,000円+税
85,000円+税
●タモ材 オイル塗装
ダイニング4点セット
W150×H71×D80(cm)
一般市場価格 170,000円+税
70,000円+税
●ポケットコイルマットレス7.5インチ
●ピロートップ
ワイドダブルベッド
W154×H90×D208(cm)
一般市場価格 526,000円+税
263,000円+税
●木脚の脱着で高さが変わります
2人掛けソファ
W165×H82×D85(cm)
一般市場価格 39,800円+税
20,000円+税
●フラットヒーター
インテリアコタツ
W105×H40×D65(cm)
一般市場価格 32,800円+税
17,800円+税
●ウォールナット材・ナラ材
●フラットヒーター ●継脚
インテリアコタツ
W120×H36×D70(cm)
一般市場価格 34,800円+税
19,800円+税
●冬暖かく夏涼しい
●ナイロン100%
スペースカーペット
190×240(cm)
一般市場価格 34,075円+税
20,400円+税
スペースカーペット
60×230(cm)
一般市場価格 20,800円+税
12,400円+税
●ウール100%
●ベルギー製
スペースカーペット
160×230(cm)
一般市場価格 73,982円+税
44,300円+税
現品限り期間限定販売
比較対象価格は一般市場価格です。
すき間収納
W17H85D45
一般市場価格
5,980円〜
6,980円+税
均一
500円
タイプいろいろあります
●耐震ラッチ付
ダイニングボード3点セット
W211×H178×D48(cm)
一般市場価格164,000円+税
98,000円+税
●ポケットコイルマットレス 9.0インチ
●ホテル仕様
シングルベッド
W98×H95×D216(cm)
一般市場価格243,300円+税
121,000円+税
セミダブルベッド
W123×H95×D216(cm)
一般市場価格292,800円+税
146,000円+税
●総本革張り
●電動フットレスト
リクライニングチェア
W77×H110×D81〜135(cm)
一般市場価格 530,000円+税
260,000円+税
●上台扉スライド式
●下台引出ソフトクロージング機能付
ミドルボード3点セット
W288×H120×D46(cm)
一般市場価格 244,000円+税
50,000円+税
●天然杢
●引き出し
ハイチェスト
W80×H120×D46(cm)
一般市場価格 18,000円+税
14,800円+税
●ナラ材
●内部総桐
ワードローブ
W131×H198×D59(cm)
一般市場価格 480,700円+税
98,000円+税
●府中の家具●内部総桐
ローチェスト
W139×H73×D47(cm)
一般市場価格 248,000円+税
80,000円+税
頭部と脚が別々に昇降
電動リクライニングベッド
W108×H82×D204(cm)
一般市場価格 250,000円+税
123,000円+税
●引き戸タイプ
シューズボックス
W150×H86×D46(cm)
一般市場価格155,000円+税
98,000円+税
デスク<チェア別売>
W110×H74×D45(cm)
一般市場価格 49,600円+税
28,000円+税

가구

□ 新古家具 最後の一品だから特別価格販売 11/28(土)→12/6(日)

신고가구- 마지막으로 남은 제품이므로 특별가격에 판매합니다.

□ 廃番・旧型モデル・長期展示品など

제조가 중지된 물건 · 구형 모델 · 장기 전시품 등

- ソファ 150,000円＋税 소파 15만엔+세금
- LD3点セット 98,000円＋税 LD3점 세트 9만 8천엔+세금
- カウチソファ 50,000円＋税 카우치 소파
- シングルベッド 29,800円＋税 싱글 침대
- ダイニング 5点セット 150,000円＋税 식사공간 5점 세트
- ダイニングボード 30,000円＋税 식기 선반
- レンジボード 50,000円＋税 레인지보드
- TVボード 30,000円 거실 텔레비전 받침대
- リビングテーブル 28,000円 거실 테이블
- ワイドダブルベッド 263,000円＋税 와이드 더블 침대
- 2人掛けソファ 20,000円＋税 2인용 소파
- インテリアコタツ 17,800円＋税 인테리어 코타츠
- スペースカーペット 20,400円＋税 스페이스 카펫
- リクライニングチェア 260,000円＋税 리크라이너 의자(침대의자)

- ミドルボード3点セット 50,000円＋税 미들보드 3점 세트
- ハイチェスト 높은 서랍장 14,800円＋税
- ワードローブ 옷장 98,000円
- ローチェスト80,000円 낮은 수납장
- シューズボックス 98,000円 신발장
- デスク 28,000円＋税 책상

□ Re needs 4 F 中古家具代行販売 お客様の使わなくなった中古家具をリニースの店頭で販売できます。売る方も買う方もお得！

재구매 4층 중고가구 대행판매 사용하지 않는 고객님의 중고가구를 재구매 점두에서 판매를 할 수 있습니다. 파는 분도 사는 분도 이득입니다!

□ 中古家具販売 キズの修理や塗装の補修をしたユーズド、中古家具を販売しています。

중고가구판매- 흠집 수리와 도장보수를 한 중고가구를 판매하고 있습니다.

□ 家具の修理 가구의 수리

愛着のある家具をより長くご愛用いただくために椅子やソファの張替え・修理を承ります。家具全体と修理箇所の写真・サイズをお持ちください。

애착이 가는 가구를 보다 오래 애용하시기 위해 의자나 소파의 리뉴얼 및 수리를 접수하고 있습니다. 가구 전체와 수리하실 부분의 사진 및 사이즈를 가지고 오십시오.

□ 家具の移動 가구의 이동

商品の種類や大きさ・移動の距離2階納品などの作業内容で料金が変わります。お見積り致します。

상품의 종류, 크기 및 이동의 거리 2층 납품 등의 작업 내용에 따라 요금이 바뀝니다. 견적을 내어 드립니다.

□ Life Style Store OKAMOTO 岡本総本店 오카모토 총본점

〒514-0034 津市南丸の内17-29 ☎059-224-1811

우편번호 514-0034 쓰시 미나미마루노우치 17-29

가전제품

□ 家電と暮らしのエディオン EDON がんばろう！日本

가전과 생활의 에디온 힘내라! 일본

セール期間 11/27(金)▶30(月) 세일 기간

□ エディオンのブラック★フライデー開催！ 限定特価！BLACK FRI-DAY

에디온의 블랙 프라이데이 개최! 한정 특가!

衝撃価格の4日間 충격적인 가격으로 판매하는 4일간

- 40V REGZA49,800円(税込) 세금 포함
- POWER POINT搭載パソコン64,000円(税込)

  파워포인트 탑재 퍼스널 컴퓨터
- 326Ｌ2ドア冷蔵庫69,600円(税込) 326리터 투도어 냉장고
- 石油ファンヒーター10,800円(税込) 등유 팬히터
- 60V型４K液晶テレビ AQUOS 99,800円(税込)

  60볼트형 4K 액정 텔레비전
- スティッククリーナー39,800円(税込) 스틱 무선청소기
- 6畳向け快適エアコン59,800円(税込) 6조형 쾌적 에어컨
- ブルーレイレコーダー59,800円 (税込) 블루레이 DVD플레이어
- ホームシアターシステム15,800円 (税込) 홈시어터 시스템
- マイコン炊飯器7,980円 (税込) 마이크로 콘트롤러 전자밥솥

- 電気ストーブ 1,980円 (税込) 전기스토브
- デジタルカメラ 16,300円 (税込) 디지털 카메라
- 電子レンジ 8,980円 (税込) 전자레인지
- 加湿器 2,970円 (税込) 가습기
- ホットカーペット(本体)3,980円 (税込) 전기장판
- セラミックヒーター3,480円 (税込) 세라믹히터
- ワイヤレスネックスピーカー11,980円 (税込) 무선 웨어러블 스피커
- 電気ケトル 3,480円(税込) 전기주전자
- 洗濯乾燥機 99,800円 (税込) 빨래건조기
- CDラジオ3,980円(税込) 라디오
- 無線LANルーター 7,480円 (税込) 무선랜공유기
- 3枚刃シェーバー6,960円 (税込) 3중날 면도기
- IH炊飯ジャー29,800円 (税込) IH전기밥솥
- フェイスシェーバー 490円 (税込) 안면 면도기
- ワイヤレススピーカー 2,970円 (税込) 무선 스피커
- 完全ワイヤレスイヤホン 3,280円 (税込) 완전 무선 이어폰
- オーブントースター 2,990円 (税込) 오븐 토스터
- 血圧計 12,960円 (税込) 혈압계
- ガステーブル 21,800円 (税込) 가스레인지
- シャワーヘッド3,480円 (税込) 샤워기 헤드
- シャワートイレ26,800円 (税込) 전자 비데

가정 폐기물 처리

□ 不用品のお片付け 三重県内どこでもなんでも回収いたします!!

쓰지 않는 물건 정리해드립니다. 미에현 내라면 어디라도 무엇이든 회수해 드립니다.

- 遺品整理 유품정리
- 草刈り・伐採 잡풀 제거 및 벌채
- お引越し 이사
- 解体・リフォーム 해체 및 개조
- 買取り 매수

□ お困り事なら クラサポ三重にお任せ!!

곤란한 일이 있으시면 크라사포미에에 맡겨주십시오!!

□ ご相談 お見積り無料 信頼と安心で50年！リピート率 90%以上

상담 견적 무료 신뢰와 안심으로 50년! 재구매율 90% 이상

□ 暮らしサポート三重 생활서포트 미에

- ☎0120－29－0823 ※ 携帯・自動車電話・PHSからもご利用になれます。

  핸드폰・자동차전화・PHS로도 이용하실 수 있습니다.

- 〒514－0062 三重県津市観音寺799－19

  미에현 쓰시 관음사

□ 不用品の回収サービス 쓰지 않으시는 물건 회수 서비스

- 大量のゴミ処分・遺品整理 대량의 쓰레기 처분 및 유품 정리

  ○ 草刈り・芝刈り 잡풀 제거 및 벌초

- ○ 空き地草刈り 공터 잡풀 제거
- ○ 植木の手入れ・片付け 식목의 손질 및 정리
- ○ 倉庫の清掃 창고 청소

● 水周りのトラブル 가정 내의 물 관련 장소 트러블

- ○ 水漏れ・詰まりの修理 물이 새거나 막힘 수리
- ○ 排水口の詰まり 배수구 막힘
- ○ 水周りの部品交換 물 관련 장치의 부품 교환

● 電気のトラブル 전기 트러블

- ○ スイッチ・コンセントを設置したい
  스위치 및 콘센트를 설치하고 싶다
- ○ オール電化にしたい100% 전기자동화하고 싶다
- ○ 電球が切れた 전구가 나갔다
- ○ テレビの映りが悪い 텔레비전 화질이 나쁘다
- ○ アンテナが折れた 안테나가 부러졌다

● お荷物移動・引越しのお手伝い 짐의 이동 및 이사 보조

- ○ 引越しのお手伝い 이사 보조
- ○ 粗大ゴミ・不用品の分別処理
  가정에서 내놓은 대형 폐기물 및 쓰지 않는 물건의 분리 수거
- ○ 梱包作業 뭉치작업(짐을 커버 등을 씌우고 밧줄(끈)으로 묶어 꾸리는 작업)
- ○ 家具などの組立・設置 가구 등의 조립 및 설치
- ○ 大型家具の運搬 대형 가구의 운반

● お家(うち)の解体(かいたい)・リフォーム・建(た)て直(なお)し 가옥의 해체 및 리모델링 · 재건축

○ 建物(たてもの)の解体(かいたい) 건물의 해체

○ リフォーム 리모델링

○ お家(うち)の建(た)て直(なお)し 가옥의 재건축

● 自動車修理(じどうしゃしゅうり) 자동차 수리

○ 板金(ばんきん)・塗装(とそう) 판금 및 도장

○ フレーム修正(しゅうせい) 프레임 수정

○ 四輪(よんりん)アライメント修理(しゅうり) 사륜 얼라이어먼트(타이어 밸런스 교정) 수리

○ 車検整備(しゃけんせいび) 자동차 검사를 위한 정비

○ カーコーティング 자동차 코팅

□ 安(やす)くて便利(べんり)だからお客様(きゃくさま)に大好評(だいこうひょう)! 損害保険補償加入(そんがいほけんほしょうかにゅう)!!料金最安値(りょうきんさいやすね)!!

싸고 편리하니까 고객님께서 대호평! 손해보험 보상 가입! 요금 최저가!!

お問合(といあわ)せ➡②お伺(うかが)い➡③お見積(みつも)り➡④作業開始(さぎょうかいし)

문의 ➡ 방문 ➡ 견적 ➡ 작업개시

● 割引(わりびき)クーポン 할인쿠폰

仕出し割烹 しげよし
謹製 2021年
OSC-5 4~5人前用
特選五段重
ことぶき
28,200円(税別)
●19.5×19.5×4.3cm 5段 ●祝い箸1膳付
縁起物や願いを込めた、海の幸・山の幸で
新年を祝う伝統おせち
30個限定
特選 本からすみ
ご予約受付中
料亭のおせち
老舗料亭の料理人が一品一品に心を込めた元祖料亭おせち
お届け日 12月30日
にご家庭までお届けいたします
ご注文方法は裏面をご覧ください
色々楽しめる50種類のお料理
OSC-OD 3人前用
老舗料亭厳選50種二段
七宝(しっぽう)
17,800円(税別)
●25.7×25.7×5.3cm 2段 ●祝い箸1膳付
70個限定
70個限定
OSC-2 2人前用
特選二段重 いわい
11,200円(税別)
●19.5×19.5×4.3cm 2段 ●祝い箸1膳付
創業から変わらぬ定番の料亭おせち
100個限定
OSC-W 2人前用
ワインと楽しむ料亭セレクト重 扇(おうぎ)
9,900円(税別)
●25.6×19.5×7.9cm 1段 ●祝い箸1膳付
ワインにぴったりカジュアルな欧風おせち
50個限定
OSC-3 3~4人前用
特選三段重 ほまれ
21,000円(税別)
●19.5×19.5×4.3cm 3段 ●祝い箸1膳付
三世代のご家族にも人気の和洋中おせち
70個限定
OSC-1 1人前用
特選一段重
令和(れいわ)
7,900円(税別)
●16.7×16.7×6.6cm ●祝い箸1膳付
令和ならでは気軽に楽しむ一人用おせち
友達登録でクーポンGET!!
LINE しげよしLINE 公式アカウント

각종 연회

☐ 各種宴会承り候 個室宴会承り候橙屋

각종 연회 접수합니다. 특실연회 접수중 다이다이야

☐ プライベートルーム 프라이베트 룸

☐ 7~10名様 堀り炬燵個室 全4部屋

7~10명 다리를 내려 놓을 수 있는 고타츠 개별실 4개실

☐ 4~12名様テーブル個室全 6部屋 4~12명 테이블 개별실 6개실

☐ ラウンジ・メインダイニング 라운지 및 메인 다이닝

落ち着いた雰囲気でお食事をお楽しみけます。

차분한 분위기로 식사를 즐기실 수 있습니다.

☐ パーティースペース 파티 공간

最大50名様前後でご利用いただける、パーティースペースをご用意しております。

최대 50분 전후로 이용하실 수 있는 파티 공간을 준비했습니다.

プロジェクターやマイクのご利用も可能です。

프로젝터나 마이크 이용도 하실 수 있습니다.

☐ つき(月)大皿コース 全8品3,500円 달 대형접시 코스 전 8품 3,500엔

● なめらかチーズ豆腐、水菜と揚げじゃこのハリハリサラダ、サーモンとグリル野菜のカルパッチョ、揚物2種盛り合わせ、ゴルゴンゾーラとナンのピザ、鶏もも肉と野菜の炙り焼き、ずわい蟹のちらし寿司、本日のデザート

매끈한 치즈두부, 미즈나와 잡어 튀김이 들어간 바삭바삭한 샐러드, 연어와 그릴 야채 카르파초, 튀김 2종 모듬, 고르곤졸라와 난피자, 닭넓적다리살과 야채 데워굽기, 홍게 지라시즈시, 금일 디저트

□ いろどり(彩)大皿コース(全9品)4,500円 이로도리(채색) 대형 접시 코스

□ きわみ(極) 大皿コース(全9品)5,000円 기와미(극치)

□ うたげ(宴) 우타게(연회) 大皿コース(全10品)4,000円 우타게(연회)

□ TEL 03－5362－7173 daidaiya

〒160－0072 東京都新宿区新宿3－37－12 シンジュクNOWAビル３F

도쿄도 신쥬쿠구 신쥬쿠　신쥬쿠 NOWA빌딩 3층

営業時間 ランチ 점심식사 [土・日・祝]11：30~15：00

영업시간 ディナー저녁식사 [月~木・土]17：00~25：00

[金・祝前]17：00~25：00

[日・祝]17：00~23：00

관공서 취업 견학

□ 愛知県職員(建築職)職場見学会 아이치현 직원(건축직) 현장 견학회

愛知県庁に建築職として採用されるとどんな仕事をするのか建築職として活躍している職員が「生の声」で説明します！ 実際にどんな職場で仕事をしているのか、ちょっと覗いてみませんか？

아이치현청에 건축직으로 채용되면 어떤 일을 하는지 건축직으로 활약하고 있는 직원이 현장의 생생한 소리로 설명해드립니다. 실제로 어떤 직장에서 일을 하는지 잠시 들여다 보지 않겠습니까?

- 令和2年 12月25日(金) 午前9時30分から(所要2時間30分程度の予定)

  레이와 2년(2020년) 12월 25일(금) 오전9시 30분부터 (소요시간 2시간 30분 정도 예정)

- 集合場所 愛知県東大手庁舎 地下1階 大会議室

  집합장소- 아이치현 히가시오테 청사 지하 1층 대회의실

名古屋市中区三の丸三丁目2番1号 나고야시 중구 산노마루 3쵸메 2번지 1호

地下鉄名城線「市役所」駅2番出口東へ徒歩5分

지하철명 조센 시청역 2번 출구 동쪽으로 도보 5분

名鉄瀬戸線「東大手」駅1番出口南へ徒歩2分

메이테쓰 세토센 히가시오테역 1번 출구 남쪽으로 도보 2분

□ 事務説明 県庁内(建築各課)の見学など

업무 설명 현청 내(건축국 각과)의 견학 등

- 参加申込方法 참가 신청 방법

  右の2次元コードから必要事項を確認して、電子申請でお申し込みください。

오른 쪽 2차원 코드에서 필요사항을 확인하고 전자신청으로 신청해주세요.

● 申込受付期間 신청 접수 기간

12月7日(月)午後3時まで 12월 7일(월) 오후 3시까지

● 参加には事前申込が必要です。참가하기 위해서는 사전 신청이 필요합니다.

※ 定員30名。定員を超えた場合は抽選となります。

정원 30명. 정원을 초과한 경우는 추첨을 하게 됩니다.

● 問合せ先: 愛知県建築局公共建築部住宅計画課

문의처: 아이치현 건축국 공공 건축부 주택 계획과

☎ 052－954－6992(ダイヤルイン 내선 직접 호출)

※ 案内や抽選結果は電子メールで送りますので、上記アドレスからのメールが受信できるようにしておいてください。

안내와 추첨 결과는 전자 메일로 알려드리므로 상기 주소로 메일을 수신할 수 있도록 부탁드립니다.

※ 今後の新型コロナウイルス感染拡大状況によっては、中止となる可能性があります。

금후 신형 코로나 바이러스 감염 확대 상황에 따라 중지가 될 가능성이 있습니다.

건강식품 1

☐ 自分より若く見える同級生に会うとちょっと嫉妬する。サントリーセサミンEX

자신보다 젊어 보이는 동급생을 만나면 약간 질투가 난다. 산토리 세사민 EX

● GOOD AGING サントリーセサミンEX 굿에이징 산토리 세사민 EX

☐ セサミンより若々しさに役立つ成分はまだ見つかっていません。

세사민보다 젊음에 도움이 되는 성분은 아직 발견되지 않았습니다.

☐ 無料でどれでも1ヶ月分、お試しいただけます。

어느 것이든 무료로 1개월분 시험 사용하실 수 있습니다.

● 60代からの若々しさにセサミンEX 通常価格4,200円(税抜)➡ 無料

60대부터 시작되는 젊음을 위해 세사민 EX통상 가격 4,200엔(세금 제외) ➡ 무료

● 青魚のサラサラ成分 DHA&EPA＋セサミンEX

등푸른생선의 혈액을 맑게하는 성분 DHA&EPA+세사민 EX

通常価格5,500円(税抜)➡ 無料 통상 가격 5,500엔(세금 별도) ➡ 무료

● 変調期を迎える女性の悩みに ローヤルゼリー＋セサミンEX

갱년기를 맞이하는 여성의 고민에 로얄제리+세사민 EX

通常価格5,500円(税抜)➡ 無料 통상 가격 5,500엔(세금 별도) ➡ 무료

☐ ひとりひとりに、ウエルネス。Suntory Wellness

한사람 한사람에게 웰니스. 산토리 웰니스

☐ 1ヶ月分無料(抽選で1万名様)お試しセットのお申し込み

1개월분 무료(추첨으로 1만명) 시험 사용 세트 신청

● お電話[申込番号HAT2とお知らせください] 0120－372－390

전화 [신청번호 HAT2라고 말씀해주세요]

건강제품 2

□ CALPIS「カルピス健康通販」からニュース！

칼피스 칼피스 건강통신판매에서 알려드립니다!

● 事実。24時間で加齢とともに低下する大腿骨の骨密度を高めるのに役つことを実証

사실. 24시간만에 나이를 들면 저하되는 대퇴골 골밀도를 드높이는 데에 도움이 되는 점을 증명해드립니다.

● 日本初！加齢とともに低下する骨を高めるのに役立つ機能性表示食品

大腿骨は、カラダを支える重要な骨。全身の骨密度が反映されている部位と言われています。「骨こつケア」は、加齢とともに低下する大腿骨の骨密度を高めるのに役立つことが臨床試験により実証された、日本で初めての機能性表示食品です。

일본 최초! 나이가 들면 저하되는 골밀도를 드높이는 데에 도움이 되는 기능성 표시 식품

대퇴골은 몸을 지탱하는 중요한 뼈입니다. 전신의 골밀도가 반영되는 부위로 알려져 있습니다. '코쓰코쓰케어'는 나이가 들면 저하되는 대퇴골의 골밀도를 드높이는 데에 도움이 되는 사실이 임상실험으로 실증된, 일본에서 처음 만들어진 기능성 표시 식품입니다.

□ CALPIS 加齢とともに低下する骨密度を高める骨こつケア

칼피스- 나이를 들면 함께 저하되는 골밀도를 드높이는 코쓰코쓰케어

● 毎日続けやすい粒タイプ！骨こつケア 店頭では販売しておりません。

매일 계속해서 복용하기 쉬운 알약 타입! 코쓰코쓰케어. 점두에서는 판매하지 않습니다.

● 90粒パウチ 1日摂取目安量3粒 30日分 通常価格 4,860円(税込)

90개 알약 파우치 1일 섭취량 3알 30일분 통상가격 4,860엔(세금포함)

□ 今すぐお電話ください！ 지금 바로 전화주세요!

TEL. お電話 0120－646－440

□ 加齢とともに低下する大腿骨の骨密度を高めることを臨床試験で実証。

나이를 먹으면 함께 저하되는 대퇴골 골밀도를 높이는 것을 임상실험으로 실증

臨床試験で実証済みの機能性表示食品

임상실험으로 실증을 마친 기능성 표시식품

骨の代謝が骨密度のカギだった！？ 뼈의 신진대사가 골밀도의 열쇠였다!?

続けやすい粒タイプ。계속해서 복용하기 좋은 알약 타입

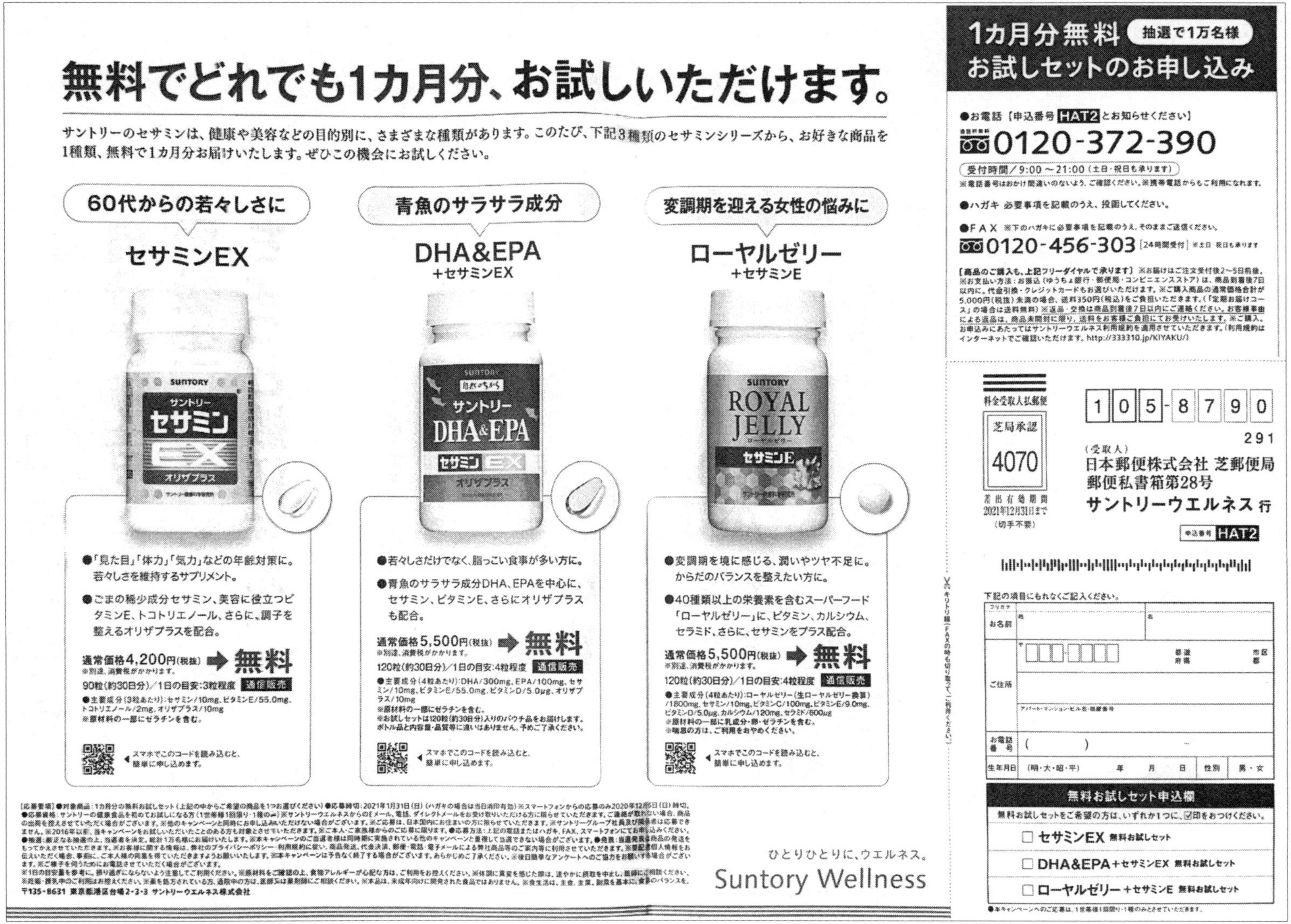
無料でどれでも1カ月分、お試しいただけます。
サントリーのセサミンは、健康や美容などの目的別に、さまざまな種類があります。このたび、下記3種類のセサミンシリーズから、お好きな商品を1種類、無料で1カ月分お届けいたします。ぜひこの機会にお試しください。
60代からの若々しさに
セサミンEX
●「見た目」「体力」「気力」などの年齢対策に。若々しさを維持するサプリメント。
●ごまの稀少成分セサミン、美容に役立つビタミンE、トコトリエノール、さらに、調子を整えるオリザプラスを配合。
通常価格4,200円(税抜) → 無料
90粒(約30日分)/1日の目安:3粒程度 通信販売
青魚のサラサラ成分
DHA&EPA +セサミンEX
●若々しさだけでなく、脂っこい食事が多い方に。
●青魚のサラサラ成分DHA、EPAを中心に、セサミン、ビタミンE、さらにオリザプラスも配合。
通常価格5,500円(税抜) → 無料
120粒(約30日分)/1日の目安:4粒程度 通信販売
変調期を迎える女性の悩みに
ローヤルゼリー +セサミンE
●変調期を境に感じる、潤いやツヤ不足に。からだのバランスを整えたい方に。
●40種類以上の栄養素を含むスーパーフード「ローヤルゼリー」に、ビタミン、カルシウム、セラミド、さらに、セサミンをプラス配合。
通常価格5,500円(税抜) → 無料
120粒(約30日分)/1日の目安:4粒程度 通信販売
スマホでこのコードを読み込むと、簡単に申し込めます。
ひとりひとりに、ウエルネス。
Suntory Wellness
〒135-8631 東京都港区台場2-3-3 サントリーウエルネス株式会社
1カ月分無料 抽選で1万名様
お試しセットのお申し込み
●お電話【申込番号 HAT2 とお知らせください】
0120-372-390
受付時間/9:00～21:00(土日・祝日も承ります)
●ハガキ 必要事項を記載のうえ、投函してください。
●FAX
0120-456-303 [24時間受付]
1 0 5 - 8 7 9 0
291
(受取人)
日本郵便株式会社 芝郵便局
郵便私書箱第28号
サントリーウエルネス 行
芝局承認
4070
申込番号 HAT2
無料お試しセット申込欄
□ セサミンEX 無料お試しセット
□ DHA&EPA+セサミンEX 無料お試しセット
□ ローヤルゼリー+セサミンE 無料お試しセット

남성양복

□ 成人スーツ フェア メンズスーツ メンズコート 割引クーポン券ご利用で半額 성인양복 행사- 남성양복 남성코트 할인 쿠폰권 이용하시면 반액

□ 成人式を、クールに決める！성인식을 쿨하게 결정한다!

- 脚長スーツ 다리가 길어보이는 양복 ¥9,000~
- 成人式応援 성인식 응원 6点セット 6점 세트 ¥19,000
- メンズスーツ・コート 남성양복 · 코트 半額 반액
- メンズフォーマル 남성정장 17,000円(税込18,700円)
- ワイシャツ・ネクタイ・ベルト 1,000円引(税込1,100円)

  와이셔츠 · 넥타이 · 벨트　1,000엔 할인(세금 포함 1,100엔)

□ 20歳 成人スーツフェア メンズスーツ メンズコート 半額

스무살 성인 양복 행사 남성양복　남성 코트 반액

- スリーピーススーツ 스리피스 양복 ¥29,950(税込)~
- 脚長スーツ 다리가 길어보이는 양복 ¥19,950(税抜)
- ワイシャツ 와이셔츠 · ネクタイ各種 넥타이 각종 ¥3,990
- アクセサリー各種 액세서리 각종 ¥2,030
- ベルト各種 벨트 각종 ¥3,800~

□ ベストをプラスしてかっこ良さUP！베스트를 플러스하여 멋진 모습이 UP

正統派のフォーマルな装い。ベスト各種 ¥6,930(税抜)~

정통파의 포멀한 복장. 베스트 각종

□ ＜Ponta運営会社(うんえいがいしゃ) 운영회사＞

株式会社(かぶしきがいしゃ)ロイヤリティ マーケティング 주식회사 로열티 마케팅

〒150-0013 東京都渋谷区恵比寿(とうきょうとしぶやくえびす)1－18－14 도쿄도 시부야구 에비스

フリーダイヤル프리다이얼：0120－923－924

노래방

□ すべてが大迫力(だいはくりょく)!! 全室大画面(ぜんしつだいがめん) プロジェクター設置(せっち)！

모든 것이 박력이 넘칩니다!! 전실 대형화면. 프로젝터 설치 !

□ 飲食物持込自由(いんしょくぶつもちこみじゆう)！カラオケ&ダーツ JOYJOY 津駅前店(つえきまえてん)

음식물 반입 자유! 가라오케 & 다트 JOYJOY 쓰역전점

コロナウイルス 強化実施中(きょうかじっしちゅう)!! 코로나 바이러스 대책 강화실시중!!

□ カラオケ&ビリヤードJOYJOY津三重大前店好評営業中(つみえだいまえてんこうひょうえいぎょうちゅう)!!

가라오케 & 당구장 JOYJOY쓰미에대학 점포 호평 영업중!!

- 昼(ひる) 낮 ￥100 夜(よる) 밤 ￥200
- フライドポテト 프라이드 포테이토 無料券(むりょうけん) 무료권
- 枝豆(えだまめ)100円(えん) 풋콩 100엔
- プレモル生(なま)ジョッキ 프레미엄 몰츠 생저그 半額券(はんがくけん) 반액권 税込(ぜいこみ)215円(えん)
- アイスクリーム無料券(むりょうけん) 아이스크림 무료권
- お好(す)きなデザート100円(えん)OFF券(けん) 좋아하시는 디저트 100엔 할인권
- 選(えら)べるパーティーセット 半額券(はんがくけん) 税込(ぜいこみ)440円(えん)

  선택할 수 있는 파티 세트 반액권 세금포함 440엔

□ スーパー学生(がくせい)パス・シニアパス 無料配布中(むりょうはいふちゅう)

수퍼 학생 패스 · 시니어 패스 무료 배포중

□ 電子(でんし)タバコ専用(せんよう)ルーム設置(せっち)しました！ 전자 담배 전용룸 설치했습니다!

- 4本(ほん)マイクルーム有(あり) 마이크가 4개인 룸 있음

- 大部屋有り 대형 룸 있음
- 高速 5 G Hz Wi-Fi無料 고속 5G Hz 와이파이 무료
- 演出照明ルーム有 연출조명 룸 있음
- 毎日学割 · シニア割 매일 학생 할인 · 시니어 할인
- フリードリンク付の安心前会計

  무료 드링크가 딸린 안심결재(사전에 청구금액을 미리 알고 하는 결재)

- 電子タバコ専用ルーム 전자담배 전용룸
- クレジットOK 신용카드 OK

□ HAPPY HOUR 해피아워 18：00－20：00

- プレミアムモルツ 生中ジョッキ ￥330

  프레미엄 몰츠 중간사이즈 생맥주 저그

- ハイボール ￥295 ジョッキカクテル ￥195 하이볼 저그 칵테일
- ボトル類 · 有料カクテルなどその他 10% OFF

  병류 · 유료 칵테일 등 그밖 10% 할인

□ 朝 30分 朝7：00~昼11：59 ￥110~ 昼12：00~夜6：59 ￥145

夜 30分 夜7：00~翌朝

深夜 심야 0：00~朝6：00 ￥1180~

□ 新しい営業時間 平日(月~木曜日)朝11時~翌朝6時まで

새 영업시간 평일

週末(金~日曜 · 特日) 24H週末 金曜 朝11時~翌月曜 朝6時まで通し営業 주말 24시간 주말 밤샘 영업

□ JOYJOY津駅前店

三重県津市羽所町345 津駅前第一ビルB1F

미에현 쓰시 하도코로쵸 345 쓰역앞 제일빌딩 지하1층

TEL.059－223－6333

※ 津三重大前店も好評営業中！ 쓰미에대학 앞 점포도 호평 영업중!

대중음식점 1

□ マグネット 자석 冷蔵庫(れいぞうこ)に貼(は)ってね！ 냉장고에 붙여줘요!

□ 期間限定(きかんげんてい)！ 기간 한정! JANGA三四郎(さんしろう) 산시로

デリバリー配達始(はいたつはじ)めました。음식 배달 개시했습니다.

□ MENU

- Pizza各種(かくしゅ) 각종 ￥600~
- ポテトフライ 감자튀김(塩(しお) 소금、明太(めんたい) 명태、スパイシー스파이시) ￥400
- ジャンガの唐揚(からあ)げ 쟝가 튀김 ￥400
- CUPサラダ各種(かくしゅ) 컵 샐러드 ￥300~
- 和(わ)ルボナーラ 와루보나라 ￥500
- ジャンガカレー 쟝가카레 ￥600

(すべて税込価格(ぜいこみかかく))などなど多数(たすう)ご用意(ようい)しています！

(모든 음식 세금 포함 가격) 등등 많은 요리를 준비하고 있습니다.

詳(くわ)しくはぐるなびをチェック!! 상세하게는 구루나비를 체크해주세요!!

□ 〒514－0102 三重県津市栗真町屋町(みえけんつしくりままちやちょう)1614 미에현 쓰시 구리마마치야쵸1614

059－233－4455

※ ご注文(ちゅうもん)は￥1000以上(いじょう)からお受(う)けします。주문은 천엔 이상부터 받습니다.

※ 配達料(はいたつりょう)は￥200頂戴(ちょうだい)いたします。배달료로 200엔 받겠습니다.

注文受付時間(ちゅうもんうけつけじかん) 주문 접수시간 18：00~21：00

대중음식점 2

□ ディナー 저녁식사 18時00分~22時00分(火曜定休)

□ 極上の味 최상의 맛 貴方のお宅に届きます。당신의 자택으로 배달해드립니다.

鍋 냄비

□ ランチ 점심식사 11時30分~13時30分(平日のみ 평일만)

□ 博多もつ鍋 하카타모쓰나베 おくゑ 오쿠에

オンラインストア テイクアウト もうじき始めます！

온라인스토어 테이크아웃 조만간 오픈합니다!

□ About OKUE&MOTSU

「博多もつ鍋 おくゑ」は店主の目で、舌で、心で美味しいと思った料理を御用意しております。最後までうまいを追求しました。特に自慢のもつ鍋は女性に嬉しいコラーゲンたっぷりのモツを自家製のスープで美味しく煮込んでおり、健康と体力回復にオススメです。またお米・野菜・卵といった食材は地元の三県産にこだわるなど、食べて安心、新鮮、安全をお届けしております。

'하카타 모쓰나베 오쿠에'는 점주의 눈으로, 혀로, 마음으로 맛있다고 생각하는 요리를 준비하고 있습니다. 마지막까지 맛을 추구하였습니다. 특히 저희 가게의 자랑인 모쓰나베는 여성들에게 좋은 콜라겐이 듬뿍 들어간 모쓰를 저희 가게에서 만든 스프를 넣어 맛있게 끓인 것으로 건강과 체력회복에 도움이 되기에 추천 드립니다. 또 쌀, 야채, 계란 등의 식재는 본고장 미에현산만을 고집하는 등 안심하고, 신선하게, 안전하게 먹을 수 있는 식재를 제공하고 있습니다.

□ 博多もつ鍋 おくゑ 하카타모쓰나베 오쿠에

〒514－0004 津市栄町2丁目390 みちくさビル1階

쓰시 사카에마치 2초메 390 미치쿠사빌딩 1층

近鉄名古屋線 津駅 徒歩8分/JR紀勢本線 津駅 徒歩8分

긴테쓰나고야선 쓰역 도보8분/JR기세이본선 쓰역 도보 8분

TEL.059－229－0980

도수치료

□ 自粛疲れ・コロナ太りでお悩みの方必見。無料!!

코로나로 피로하거나 살이 쪄 고민이신 분들 필견. 무료!!

- 姿勢分析 通常1500円が0円 12/5(土)まで

  자세분석- 통상 1500엔이 0엔 12/5(토)까지

- 定員10名限定！정원 10명 한정

- 初回は約1時間かかります。のべ48000人以上の施術経験があり安心！

  첫회는 약 1시간이 소요됩니다. 총 4만 8천명 이상의 시술 경험이 있어 안심하실 수 있습니다.

- ☎059-253-5119

※ お電話にて事前予約をお願い致します。전화로 사전 예약을 부탁드립니다.

- 骨盤矯正 골반교정
- 猫背矯正 굽은 등 교정
- 産後骨盤矯正 산후골반교정
- ウエスト引き締め 웨스트 줄이기
- 肩こり 어깨결림
- 腰痛 요통
- ひざ痛 무릎통

□ 痛みの原因は姿勢から！ 통증의 원인은 자세부터!

- 姿勢分析・カウンセリング 자세분석 및 카운셀링
- 骨盤矯正 골반교정
- アドバイス 어드바이스
- 結論…ゆがみが原因です。결론…뒤틀림이 원인입니다.

その痛み、マッサージでは治りません！

그 통증, 맛사지로는 치유되지 않습니다!

● ボキボキする危険な施術はしないので安心！キッズスペース完備

뼈소리를 내는 위험한 시술은 하지 않으므로 안심하세요! 키즈스페이스(아동들이 놀 수 있는 공간) 완비

● 注意 予約優先のため必ずお問合せください。

주의- 예약 우선을 위해 반드시 문의해주세요.

□ こんなお悩みお任せください！ 이런 고민들은 안심하고 맡겨주세요!

● 産後のケアをしたい 산후조리를 하고 싶다

● 猫背の姿勢が気になる 등이 굽은 자세가 염려된다

● 骨盤が歪んでいる 골반이 뒤틀려 있다

● こどもの猫背を治したい！ 아이의 굽은 등을 고치고 싶다!

● ぽっこりお腹が気になる 볼록배가 신경쓰인다

● 肩こり어깨결림・腰痛に悩んでいる 요통으로 고민하고 있다

● 施術を受けたいが子供がいて行けない!

시술을 받고 싶지만 아이가 있어 갈 수 없다!

● 託児できます 탁아가 가능합니다

● お母さんに大人気！保育スタッフのいるキッズスペース♪

어머님들에게 대인기! 보육스탭이 있는 키즈 스페이스

□ 交通事故 교통사고・ムチウチ 경추염좌 すずき整体院 스즈키 도수치료원

● 〒514-0001 三重県津市江戸橋1丁目113 サカクママンション1F

미에현 쓰시 에도바시 1쵸메 사카쿠마맨션 1층

● ☎059-253-5119

Domino's
トッピング NEW
2倍盛
トッピング2倍!
満足2倍以上!
どのピザでもOK!
たったの!
+299円(税抜)
Mサイズ
デリバリー
ピザ1枚 +サイドメニュー2品
M ¥1999(税抜)
クーポン番号 R1383 2020 10/18 まで
デリバリー
ピザ2枚 +サイドメニュー3品
M ¥2999(税抜)
クーポン番号 R1384 2020 10/18 まで
お持ち帰り デリバリー
バッファローウイング Mサイズ
ソースが新しくなってさらにおいしく!
¥550 ▶ ¥499(税抜)
クーポン番号 R1385 2020 10/18 まで
水曜日がおトク!
BIG WEDNESDAY
お持ち帰り デリバリー
水曜日限定!
対象日:2020 6/17、6/24、7/1、7/8、7/15、7/22、7/29、8/5、8/12、8/19
ピザ3枚で M サイズ ¥2400(税抜)
R ¥3000(税抜) L ¥3600(税抜)
M 481916 R 448533 L 460171
津上浜町店 059-221-2323
津市上浜町1-297-1 / 営業時間 11:00~24:00(年中無休)
※お電話番号は、お間違えのないようおかけください。
ドミノ・ピザ 津上浜町店
全メニューと詳細はウェブでチェック!
www.dominos.jp ドミノピザ
アルバイト・正社員
募集中!
仲間との出会い・充実したトレーニング制度・高収入で大満足
Domino's
1枚でも、何枚でも、
\お持ち帰り/
半額
どのピザでも。
デリバリーでもおトク!
M R L ニューヨーカー
ピザ全品 30% OFF
クーポン番号 R1381 2020 10/18 まで
サイドメニュー2品
お持ち帰り デリバリー
¥600(税抜)
クーポン番号 R1382 2020 10/18 まで
ご注文はウェブサイトからも承っております。 ドミノピザ 検索 www.dominos.jp
クーポンアプリ

도시락

□ 揚げたて、あつあつお届けします！宅配かつや

막 튀겨낸, 따끈따끈한 도시락을 배달해드립니다! 배달 가쓰야

● 宅配 サクサクやわらかロースカツ弁当 790円

배달- 바삭바삭하고 부드러운 돈가스 도시락 790엔

● かつやの定番 가쓰야의 정식 메뉴

カツ丼弁当 가쓰동도시락 (梅매화)590円

● ボリューム満点 볼륨 만점 かつや盛り 가쓰야모리(三人前3인분)2,190円

● 専門店のカツカレー 전문점 가쓰카레 カツカレー弁当 가쓰카레 도시락 (梅)750円

□ 盛り合わせ 모듬

今日のおかずは何にしよう！突然のお客様でどうしよう？！

오늘의 반찬은 무엇으로 할까! 갑작스럽게 집에 손님이 오시면 어떡하지?!

かつやの揚げたて、あつあつ盛り合わせはいかがですか!!

가쓰야의 갓튀긴, 따끈따끈한 모듬은 어떠신가요!!

● かつや盛り 가쓰야모리 2人前 2인분 1,420円

● かつや盛り 가쓰야모리 3人前 3인분 2,190円

□ 宅配かつやの揚げたて、あつあつ弁当

배달 가쓰야의 갓튀긴, 따끈따끈한 도시락

※ お弁当にとん汁は付いておりません。

도시락에 돼지뼈육수는 딸려있지 않습니다.

※ デリバリー特別価格となっております。店内価格とは異なりますのでご了承ください。

배달료는 따로 받습니다. 점포 내 가격과는 다르므로 양해 부탁드립니다.

※ 価格は全て税込みとなっております。

가격은 모두 세금 포함으로 되어 있습니다.

□ かつやの定番 가쓰야의 정식메뉴

- カツ丼弁当 가쓰동도시락 (梅매화) 590円
- カツ丼弁当 가쓰동도시락(竹대나무) 750円
- カツ丼弁当 가쓰동도시락(松소나무) 950円
- チーズカツ丼弁当 치즈가쓰동도시락 (梅매화) 710円
- チーズカツ丼弁当 치즈가쓰동도시락 (松소나무) 1,070円
- ソースカツ丼弁当 소스가쓰동도시락(梅매화) 590円
- ソースカツ丼弁当 소스가쓰동도시락(竹대나무) 750円
- ヒレカツ丼弁当 소안심가쓰동도시락 790円
- チキンカレーカツ丼弁当 치킨카레가쓰동도시락 650円
- チーズチキンカレー丼弁当 치즈치킨카레동도시락 770円
- 海老・ロースカツ弁当 새우 · 로스가쓰도시락 890円
- 海老・ヒレカツ弁当 새우 · 안심가쓰도시락 890円
- 海老・チキンカツ弁当 새우 · 치킨가쓰도시락 850円

□ サクサクやわらか 바삭바삭 부드럽게

- ダブルロースカツ弁当 더블로스가쓰도시락 1,050円
- ヒレカツ弁当 소안심가쓰도시락 890円

- ロース・から揚(あ)げ弁当(べんとう) 로스·튀김도시락 890円(えん)
- チキンカツ弁当(べんとう) 치킨가쓰도시락 690円(えん)
- タルタルチキンカツ弁当(べんとう) 타르타르치킨가쓰도시락 790円(えん)

☐ 専門店(せんもんてん)のカツカレー 전문점의 가쓰카레

- カツカレー弁当(べんとう) 가쓰카레도시락(梅(うめ)매화) 750 円(えん)
- カツカレー弁当(べんとう) 가쓰카레도시락(竹(たけ)대나무) 890円(えん)
- チーズカツカレー弁当(べんとう) 치즈가쓰카레도시락 870円(えん)
- チーズカツカレー弁当(べんとう) 치즈가쓰카레도시락(竹(たけ)대나무) 870円(えん)

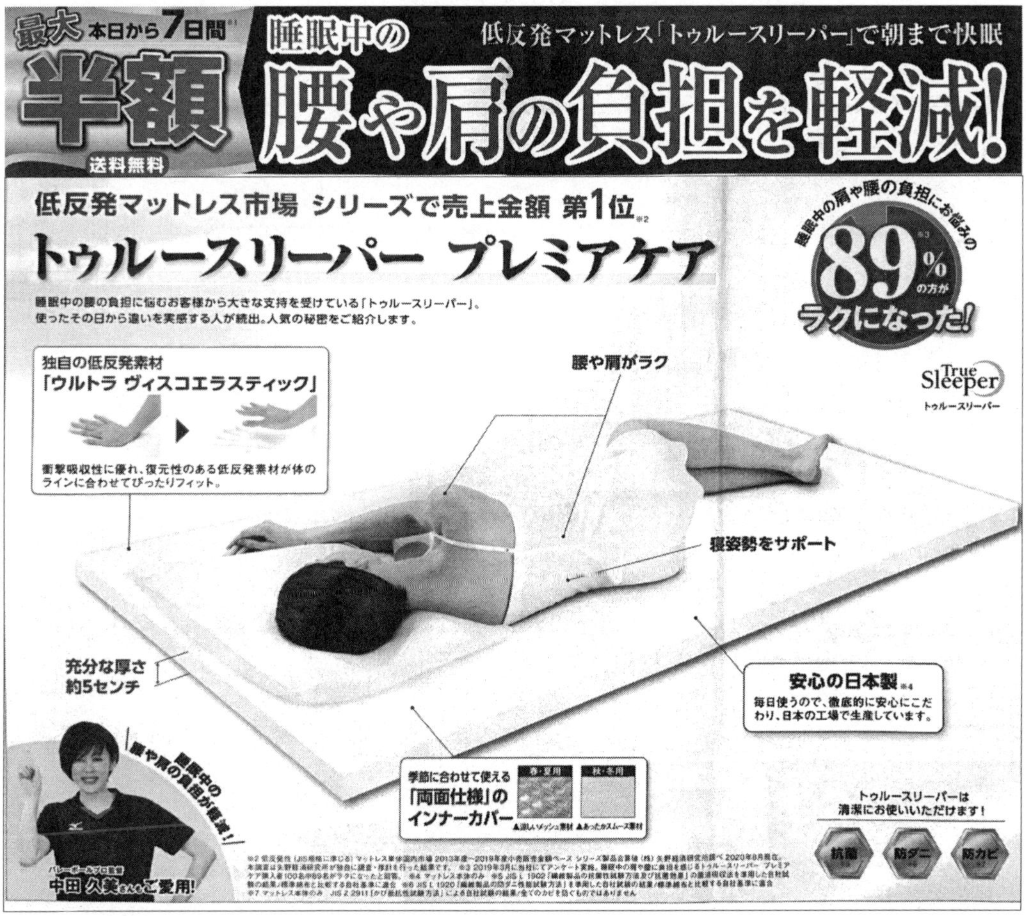

매트리스

□ 睡眠中の腰や肩の負担を軽減！수면중의 허리나 어깨 부담을 경감!

低反発マットレス「トゥルースリーパー」で朝まで快眠 最大本日から7日間半額 저반발 매트리스 '톨슬리퍼'로 아침까지 쾌면 최대 금일부터 7일간 반액

送料無料 송료 무료

□ 低反発マットレス市場 シリーズで売上金額 第1位

저반발 매트리스 시장 시리즈로 매상 금액 제1위

トゥルースリーパー プレミアケア 톨 슬리퍼 프레미어 케어

● 独自の低反発素材「ウルトラ ヴィスコエラスティック衝撃吸収性に優れ、復元性のある低反発素材が体のラインに合わせてぴったりフィット

충격 흡수성이 뛰어나며 복원성이 있는 저반발 소재가 신체의 라인에 맞춰 꼭 맞춰줌

○ 腰や肩がラク 허리나 어깨가 편함

○ 寝姿勢をサポート 잠자는 자세를 서포트

● 安心の日本製 안심할 수 있는 일본제

毎日使うので、徹底的に安心にこだわり、日本の工場で生産しています。

매일 사용하므로 철저하게 안심하여 쓸 수 있는 점에 최선의 노력을 기울여 일본의 공장에서 생산하고 있습니다.

● 季節に合わせて使える「両面仕様」のインナーカバー

계절에 맞춰 사용할 수 있는 '양면 사양'의 이너 커버

● 充分な厚さ 約5センチ 충분한 두께- 약 5센티미터

● トゥルースリーパーは清潔にお使いいただけます。

톨 슬리퍼는 청결하게 사용하실 수 있습니다.

□ テレビCM放送中！トゥルースリーパーをご愛用！女優 麻生久美子さん

텔레비전 광고 방송중! 톨 슬리퍼를 애용하시는 여배우 아소구미코 씨

● はじめてのフィット感　目覚めが全然違います。

처음으로 느껴보는 피트감 기상이 전혀 다릅니다.

ドラマの撮影に入ると、寝不足になりがちです。少しでも空いた時間を見つけて眠るなど、普段から睡眠は大切にしています。トゥルースリーパーは、全身を包み込んでくれるフィット感があるので、横になるとスッと眠りに入れます。睡眠中の体の負担がラクになりました。

드라마 촬영에 들어가면 수면부족이 되기 쉽습니다. 조금이라고 빈 시간을 찾아 자는 등 평소에 수면을 소중하게 여기고 있습니다. 톨 슬리퍼는 전신을 에워싸주는 피트감이 있어 누우면 편안하게 잠이 듭니다. 수면중의 신체부담이 없어졌습니다.

□ 睡眠中の腰や肩の負担を軽減！「トゥルースリーパープレミアケア」が支持される3つの理由

수면중의 허리나 어깨의 부담을 경감! '톨슬리퍼 프레미어 케어'가 지지를 받는 세가지 이유

① 腰や肩にかかる体圧を分散 허리나 어깨에 걸리는 체압을 분산

② 寝具の上に敷くだけ 침구 위에 깔기만 하면 됨

③ 抗菌항균・防ダニ 진드기 방지・防カビ仕様 곰팡이 방지 사양

● 1枚セット 1매 세트 38,880円　　● 2枚セット 2매 세트 69,760円

□ 12/7(月)まで ご注文は今すぐ！24時間365日受付

지금 바로 주문하세요! 24시간 365일 접수

☎ 通話料無料 통화료 무료 0120-160-967

맥주

□ Minamiosawa BEER GARDEN 미나미사와 비어 가든

毎年ご好評頂いておりますテラスでのビアガーデンを今年も開催いたします!!

매년 호평을 받고 있는 테라스에서의 비어가든을 올해도 개최합니다!!

夏休みの思い出にお子様を連れてみしてみませんか?

여름방학의 추억에 자제분들을 데리고 저녁의 정취를 느껴보지 않겠습니까?

毎週テーマが変わる特別ビュッフェを御用意いたしますのでお楽しみに!!

매주 테마가 바뀌는 특별한 뷔페를 마련하오니 부디 즐겨주세요!!

皆様お誘い合わせの上、ご来店お待ちしております。

여러분 모두를 초대하여 함께 식사를 하실 수 있도록 내점을 기다리고 있겠습니다.

7 /29(日)~9/7(土)

※ 真夏の土日祝限定企画です

한여름의 토요일, 일요일, 경축일 한정 기획입니다.

ご予約受付時間 예약 접수 시간 17：00~19：30

(21：00 ラストオーダー 마지막 주문 21：30 クローズ 폐점)

□ 大人1名 어른 1명

毎週テーマが変わる特別ビュッフェ120分/￥3,240(税込)

매주 테마가 바뀌는 특별한 뷔페 120분/3,240엔(세금 포함)

● 小学生未満のお子様無料 초등학생 미만의 어린이 무료

- 小学生 초등학생 ￥1,080
- 中学生 중학생 ￥1,620

□ フリードリンクプラン￥1,620もご用意しております。

무료 드링크 플랜 1,620엔도 준비하였습니다.

- ビール各種 맥주 각종 · ノンアルコールビール 비알콜 맥주
- ワイン各種 와인 각종 · スパークリングワイン 스파클링 와인
- ソフトドリンク ほか… 소프트드링크 외

□ EVENT SCHEDULE ~ENSEMBLE CAMPHRIER~

下記の日程でアンサンブルカンフリエによるクラシックライブイベントも開催いたします！お楽しみに‼

아래의 일정으로 앙상블 캄프리에에 의한 클래식 라이브 이벤트도 개최합니다. 기대해주세요!!

※ チャージ料無料 주차료 무료 各日 각일 18：00頃開演定 18시경 공연 예정

7/29(日) · 8/5(日) · 8/19(日)

「アンサンブルカンフリエとは」年齢や経験に関わらず、音楽を楽しみたいメンバーが集まったアンサンブル集団です。クラシック音楽をもっと身近なものにしたいアンサンブルの楽しさを広めたい大勢の方とともに音楽を楽しみたいそんな思いで、様々な場所で演奏活動を展開しています。

'앙상블 캄프리에란' 연령과 경험에 관계없이 음악을 즐기고 싶은 멤버가 모인 앙상블 집단입니다. 클래식 음악을 좀 더 친근하게 즐기고 싶은 앙상블의 즐거움을 넓혀가보고자 하는 많은 분들과 함께 음악을 즐기고 싶은 그런 마음으로 다양한 장소에서 연주활동을 전개하고 있습니다.

□ MENU

● 7月29日(日)築地より仕入れる海の幸のバーベキュー

쓰키지에서 들여오는 해산물 바비큐

● 8月4日(土)、5日(日)

京野・大原の減農薬野菜と色々な鶏肉料理

쿄노 · 오하라의 저농약야채와 다양한 닭고기요리

○ 11日(土)、12日(日)

家製のシャルキュトリー(ソーセージ各種、パテ、ハム等)と豚肉料理

집에서 만든 샤르퀴트리(염지 가공한 돼지고기 음식)(소시지 각종, 퍼티, 햄 등)과 돼지고기 요리

○ 18日(土)、19日(日)

築地より海の幸のバーベキュー(第2弾)

쓰키지에서 들여온 해산물 바비큐(제2탄)

○ 26日(日)牛肉の食べべ(サーロイン、ハラミ、もも肉など)

26일(일) 소고기 먹기(등심, 사태, 대퇴살 등)

● 9月1日(土)和牛もも肉のバーベキュー 와규대퇴살 바비큐

※ 8月25日(土)は貸切営業となります。

8월 25일(토)는 대여 영업합니다.

□ フレンチキッチン ルヴェソンヴェール南大沢 首都大学東京 国際交流会館内

프렌치키친 루붸송벨 미나미오사와 수도대학도쿄 국제교류회관 내

TEL042-677-3301

※ 雨天の際は店内でのご案内となります。HPより予約サイトでもご予約承っております。

우천시 점포 내에서 안내합니다. 홈페이지의 예약사이트에서도 예약을 접수하고 있습니다.

모델하우스 오픈

□ モデルハウス見学で見えてくる理想の暮らし。

모델하우스 견학으로 보이는 이상적인 생활

□ 津西ひかりまち＜全165区画＞MODEL HOUSE OPEN

쓰니시 히카리마치 <전 165구획> 모델하우스 오픈

モデルハウスを観に行こう。모델하우스를 보러가자.

□ 販売価格＜52号地モデルハウス＞ 2,656万円より(消費税込)

판매 가격<52호지 모델하우스> 2,652만엔부터(소비세 포함)

□ 全区画＜建築無し＞土地分譲 전구획<건축조건 없음> 토지분양

- 64区画からお好きな土地をお選びいただけます。

  64구획으로 선호하시는 토지를 선택하실 수 있습니다.

- 解放感抜群の明るい街区 해방감 발군의 밝은 가도구획

- ひかりまちは海抜15mの立地 히카리마치는 해발 15미터의 입지

□ 土地価格 토지 가격 965万円~1,730万円

□ 土地面積 토지 면적 57.36坪~76.91坪

□ 浪速建設(株)三重営業所 0120－080－728 나니와건설(주) 미에영업소

□ 津西ひかりまち＜全165区画＞ 5MODEL HOUSE

쓰니시 히카리마치

モデルハウス見学で見えてくる理想の暮らし。

모델하우스 견학으로 보이는 이상적인 생활

□ No. 4 モデルハウス 모델하우스 土地面積 토지 면적 約57.26坪 평

- 土間収納やファミリークローク、ウォークインクローゼットがある収納充実のモデルハウス 2,968万円

  지면공간 수납, 패밀리 옷장, 워크인 클로짓이 있는 수납 충실의 모델하우스

□ No.52 モデルハウス 모델하우스 土地面積 토지 면적 約61.87坪

- 広い敷地を生かした開放的なプラン 2,656万円

  넓은 부지를 살린 개방적인 플랜

□ No.87 モデルハウス建築中 土地面積 約60.61坪

모델하우스 건축중 토지 면적

- 2つのバルコニーがあるモデルハウス 2,767万円

  두 개의 발코니가 있는 모델하우스

□ No.108 モデルハウス建築中 土地面積 約60.82坪

모델하우스 건축중 토지 면적

- 9帖＋ウォークインクローゼットの広々とした主寝室 2,890万円

  9조+워크인 클로짓의 넓직한 주 침실

□ No.122 モデルハウス 土地面積 約59.61坪 모델하우스 토지 면적

- 男前なラフ&ヴィンテージモデルハウス 2,850万円

  남성스런 터프함&빈티지 모델하우스

배달음식

□ 宅配(たくはい)パエリア GRILL PAELLA グリルした美味(おい)しいパエリア

택배 파에리아 그릴 파에리아 직화구이한 맛있는 파에리아

□ 旨味(うまみ)ぎっしり!!漁師風(りょうしふう)イカスミのパエリア M¥2,380 L¥3,239

좋은 맛이 가득!! 어부풍 오징어 먹물의 파에리아

□ SPECIAL PRESENT 3種(しゅ)のタパスミックス プレゼント!!

스페셜 선물　3종의 타파스믹스 선물!!

● たっぷり魚介(ぎょかい)のパエリア 440円分(えんぶん)お得(とく)!!

어패류가 가득 들어간 파에리아 440엔분 이득

● 極旨(ごくうま)ステーキのパエリア M¥2,486 L¥3,345 맛이 일품인 스테이크 파에리아

□ 冬(ふゆ)の具(ぐ)だくさん クリーミーパエリア M¥2,430 L¥3,290

겨울철의 해산물 건더기 가득 크리미 파에리아

□ 漁師風(りょうしふう)イカスミのパエリア M¥2,380 L¥3,239 어부풍 오징어 먹물의 파에리아

□ イベリコ豚(ぶた)と粗(あら)びきソーセージのパエリア M¥2,380 L¥3,239

이베리안 흑돼지와 고기 덩어리가 덤숭덤숭 들어간 소시지 파에리아

□ たっぷり魚介(ぎょかい)のパエリア M¥2,380 L¥3,239 어패류가 가득 들어간 파에리아

□ エビとあさりのガーリックパエリア M¥2,180 L¥3,080

새우와 바지락이 들어간 마늘 파에리아

□ 極旨(ごくうま)ステーキのパエリア M¥2,486 L¥3,345 맛이 일품인 스테이크 파에리아

□ ご注文(ちゅうもん)は公式(こうしき)アプリがお得(とく)！ラクラク注文(ちゅうもん) 初回(しょかい)ダウンロード特典(とくてん)

¥390OFF 주문은 공식 어플리케이션이 이득! 쉬운 주문 첫 회 다운로드 특전

백화점 세일

□ MATSUBISHI あす12/2(水)からのお知らせです。

마쓰비시　내일 12/2(수)부터 열리는 행사 안내입니다.

□ 津市プレミアム付商品券は松菱全館でご利用いただけます。

쓰시 프레미엄이 들어간 상품권은 마쓰비시 전관에서 이용하실 수 있습니다.

- クレイサス 크레이서스 16,500円(税込)
- スワロフスキー 스와로프스키 14,960円(税込)
- Jプレス マフラーJ 프레스 머플러 8,800円(税込)
- アダバット 아다밧 手袋 장갑 5,500円(税込)
- ミスJ ショートコート 미스J 쇼트 코트 97,900円(税込)

  スカート 스커트 42,900円(税込)
- フェイラー ハンカチ 훼이라 손수건 2,420円(税込)ポーチ포치 3,850円(税込)

  アクセサリーポーチ 액세서리 포치 7,150円(税込)

  ハート型ポーチ 하트형 포치 8,800円(税込)
- ノリタケ 노리타케 アルファベットマグ各種 알파벳 머그컵 각종 3,300円(税込)
- ワコール ナイトアップブラ 와코루 나이트업 브래지어 5,390円(税込)

□ 松菱のクリスマスケーキ 마쓰비시 크리스머스 케이크 ＜1階食品 1층 식품＞

- クリスマスストリベリー 크리스머스 스토리베리

ショートケーキ숏 케이크 3,888円(税込)

- ショートデコレーション 숏 데코레이션 3,240円(税込)

☐ Christmas Special Event 크리스머스 스페셜 이벤트

- 12月5日(土)Dolce Eri ピアノコンサート 돌체 에리 피아노 콘서트
- 12月6日(日)逢坂淳子さんによるアコーディオンコンサート

  오사카쥰코 씨가 연주하는 아코디언 콘서트
- 12月12日(土)津高校音楽部によるクリスマスコンサート

  쓰고등학교 악대부가 연주하는 크리스머스 콘서트
- 12月13日(日)津東高校合唱部によるクリスマスコンサート

  쓰히가시 고등학교 합창부가 연주하는 크리스머스 콘서트
- 12月20日(日)津高校ジャングリング部によるクリスマスパフォーマンスショー

  쓰고등학교 정글링부원이 하는 크리스머스 퍼포먼스쇼
- 12月20日(日)ちびっ子サンタクリスマスパレード

  꼬마들 산타 크리스머스 프레이드

☐ ご予約承り中 元気っ子&赤ちゃんクリスマス撮影会

예약 접수중 씩씩한 아이 & 아기 크리스머스 촬영회

☐ クリスマス ワークショップ 크리스머스 워크숍

- 似顔絵KURI屋 닮은 그림 구리야
- Keica Flower
- Sweet Harmony
- 純板金 일본 마쓰사카시의 판금 공사 업체명

MATSUBISHI
魅力好感百貨店
あす12/2(水)からのお知らせです
本日1日(火)は営業いたしております。 〒514-8580 津市東丸之内4-10 TEL059-228-1311 営業時間 あさ10時～よる7時 https://www.tsu-matsubishi.co.jp/
マッピーポイント付きます!!
津市プレミアム付商品券は松菱全館でご利用いただけます。
ご利用期間:令和2年12月31日(木)まで
Brilliant Christmas
ブリリアントクリスマス2020
～一年で一番輝く日～
CLATHAS
[クレイサス]
①長財布 (税込)16,500円
②折財布 (税込)15,400円
<2階/ハンドバッグ>
1993年から続く、年度限定のクリスマスベア。発売年が左足の正面に刻印されているのが特徴です。
[スワロフスキー]
Kris bear Christmas Annual Edition 2020
(税込)14,960円
<1階/アクセサリー>
SWAROVSKI
J.PRESS adabat
オシャレな色合いで、コーディネートの幅を広げられるリバーシブルタイプのマフラー。
[Jプレス]
マフラー (税込)各8,800円
裏起毛であたたかく、プレゼントにも最適です。
[アダバット]
手袋 (税込)各5,500円
<4階/紳士洋品>
藤城 清治 版画展
●12月9日(水)～15日(火) <6階 美術画廊>
MISS J
フォックスファー付きのフードがゴージャスなショートコートは暖かさと軽さが魅力。上品な淡いピンクがXmasシーンを演出します。
[ミスJ]
ショートコート (税込)97,900円
スカート (税込)42,900円
<2階/婦人服>
Christmas Fair 2020
ミキハウスから送る特別なクリスマス
お買い上げ金額に応じてノベルティをプレゼント。
<4階/ベビー・子供服>
Noritake
レンジOK 食洗機OK
ご家族や大切な方へのクリスマスプレゼントに! イニシャルはA・C・D・E・F・H・J・K・M・N・R・S・T・Yの14種類をご用意しております。
[ノリタケ]
アルファベットマグ各種 (税込)3,300円
鮮やかにデコレーションされたドイツの伝統的な焼き菓子をイメージしました。
[フェイラー]
ハンカチ (税込)2,420円
ポーチ (税込)3,850円
アクセサリーポーチ (税込)7,150円
ハート型ポーチ (税込)8,800円
Wacoal
寝ている間のバストケア。NEWデザイン登場!!
[ワコール]
ナイトアップブラ(レーシィタイプ)
(税込)5,390円～
<3階/婦人肌着>
ご予約承り中 松菱のクリスマスケーキ <1階食品>
[モロゾフ]
クリスマスストロベリーショートケーキ (税込)3,888円
[ユーハイム]
ショートデコレーション (税込)3,240円
[ラ・メゾン・ジュヴォー]
コム・ル・デジラード (税込)5,292円
★承り期間 12月20日(日)まで
お電話・オンラインショップからも承ります。
★お電話 0120-285-794
★オンラインショップ https://www.tsu-matsubishi.co.jp/shopping/
クリスマスイベントのご案内
Christmas Special Event
12月5日(土) Dolce Eri ピアノコンサート ★1階 岩田橋口特設会場 ★午後1時30分～・午後3時～
12月6日(日) 逢坂淳子さんによるアコーディオンコンサート ★1階 岩田橋口特設会場 ★午後1時30分～・午後3時～
12月12日(土) 津高校音楽部の皆様によるクリスマスコンサート ★6階 特設会場 ★午後2時～
12月13日(日) 津東高校合唱部の皆様によるクリスマスコンサート ★6階 特設会場 ★午後1時30分～・午後3時～
12月20日(日) 津高校ジャグリング部の皆様によるパフォーマンスショー ★7階 特設会場 ★午後2時～
12月20日(日) ちびっ子サンタクリスマスパレード 参加者募集中 定員15名様
★午後1時30分～
★対象:みんなと一緒に歩ける3歳～小学2年生までのお子様
お申込み・お問合せ 059-228-1311(代)
ご予約承り中 期間限定「こども写真館 紙ふうせん」
元気っ子 赤ちゃんクリスマス撮影会
12月2日(水)～7日(月)
6階 催事場
午前10時～午後5時30分
★参加費…(税込)1,980円
★対象年齢:1ヶ月～2歳半くらいまで
★追加のお写真をご希望の場合は、別途写真代金が必要となります。
★写真のお渡しは、2021年1月上旬予定です。
お申込み・お問合せ 059-228-1311(代)
クリスマスワークショップ
12月5日(土)・6日(日) 6階/催事場 <午前10時～午後6時>
似顔絵KURI屋 似顔絵作成 カラフル可愛いタッチの似顔絵。ペットさんもOK お1人様(税込)500円
Keica Flower スイーツソープ クリスマスバージョンのスイーツソープを作ろう!! お1人様(税込)800円
Sweet Harmony シュガークラフトでクリスマスプレート作り シュガーペーストを使って、カラフルに仕上げます。 1個(税込)1,000円
純板金 銅板飾りを作ろう! ヘラ出しという技法を用いて、銅板に立体的な模様を浮き上がらせます。 お1人様(税込)1,000円
5日限り La peche スイーツマカロンデコレーション キュートなデコレーションを作りましょう。 お1人様(税込)500円～
6日限り t-kukka キラキラボトル作り スノードームのようなキラキラのラメや飾りを入れたペンダントが作れます。 お1人様(税込)500円

보석 감정 및 매입

□ 今すぐ、お手持ちのジュエリーをお持ちください。

지금 바로 소지하고 계신 보석을 가져오세요.

宝石スペシャリストが来店して直接ご対応

보석 전문가가 내점하여 직접 봐드립니다.

宝石リフォーム&買取り相談会 보석 리폼&매수 상담회

□ スペシャリストに直接相談できるから…査定・見積り無料

전문가에게 직접 상담이 가능하므로 참 좋아요…감정 및 견적 무료

① 価値の解らないものもその場で査定できます。

가치를 모르는 물건도 그 자리에서 감정할 수 있습니다.

② 1点1点解りやすくていねいにご説明。

1점 1점 알기 쉽게 정성껏 설명해드립니다.

③ 流行のネット買取りにはない即現金買取り

유행중인 인터넷 매수에는 없는 즉시 현금 매입

● 開催期間 개최 기간 11/27(金)~29(日)

催事開催時間 특별전 개최 시간 /10：00~19：00

(最終日のみ 최종일만 18：00まで)

□ ご自宅にこんなジュエリーが眠っていませんか

자택에 이런 보석이 잠들고 있지 않나요?

● たとえば主人からもらった爪の大きな婚約指輪

예를 들면 남편에게 받은 프롱세팅한 결혼반지

あの日の喜びをいつまでも大切にリフォーム

그날의 기쁨을 언제까지나 소중하게 리폼

ご主人から愛が詰まったジュエリーを気軽に身に着けやすいデザインにリフォームすることをおすすめします。

부군의 사랑이 듬뿍 들어간 보석을 부담없이 몸에 걸치기 쉬운 디자인으로 리폼하는 것을 권장합니다.

- たとえばアクセサリーかジュエリーか判らない商品を宝石まで含めて査定してもらいたい。

  예를 들면 액세서리인지 보석인지 모르는 상품을 보석까지 포함해서 감정 받았으면 좋겠다.

- たとえば母親からジュエリーを受け継いだけど活用法に困っています。

  예를 들면 어머니로부터 보석을 물려받았지만 어떻게 활용하는지 잘 몰라 고민하고 있습니다.

形を変えて代々伝えたいリフォーム

모양을 바꾸어 대대로 전해주고 싶은 리폼

お母さんの思い出が詰まったジュエリーを最新デザインに!!

어머니의 추억이 깃든 보석을 최신 디자인으로 바꾸고 싶다!!

- たとえば通信販売・インターネット販売売れ筋ランキング第1位

  예를 들면 통신판매 · 인터넷 판매고 1위

今、大人気 ダンシングストーン！ 55,000円~85,000円

지금 대인기 댄싱스톤

□ 宝石の価格やデザインも含めて評価！額買取り

보석의 가격과 디자인도 포함하여 평가! 고액 매수

- 今回は宝石の知識が豊富なスペシャリストが来店致しますので、宝石そのものの査定までして、買取り致します。

  이번에는 보석의 지식이 풍부한 전문가가 내점하므로 보석 그 자체의 감정까지 해서 매수합니다.

- デザイン・品質も重視！相場＝買取り金額ではありません。

  디자인 및 품질도 중시! 시세 = 매수 금액은 아닙니다.

- 石の品質やデザイン性も査定に大きくします。

  보석의 품질과 디자인성도 감정에 크게 영향을 미칩니다.

- むかしご自分で買ったけど飽きてしまったジュエリーなどをお持ちください。

  옛날에 직접 사셨으나 싫증이 나버린 보석 등을 가져 오세요.

- 買い取りについては、うら面もご覧下さい。

  매수에 대해서는 뒷면도 봐주세요.

□ リペア(修理) 壊れてしまって、そのままになっている宝石がございましたら、すぐお持ち下さい。

수리- 파손된 채로 있는 보석이 있으시면 바로 가져 오세요.

- 新品仕上げ 신품 마무리
- サイズ直し 사이즈 조정
- ロー付け 브레이징(두개 이상의 금속을 녹여서 접합하는 것)
- 糸換え 목걸이 줄 교환

□ SOPHY KAWASAKI イオン津店 이온 쓰점

- イオン津店 1 F 이온 쓰점 1층 TEL 059-229-7420
- 〒514-0003 三重県津市桜橋3-446 미에현 쓰시 사쿠라바시 3-446

今すぐ、お手持ちのジュエリーをお持ち下さい。
宝石スペシャリストが来店して直接ご対応
宝石 リフォーム 買取り & 相談会
宝石のスペシャリストが来店致します。
スペシャリストに直接相談できるから…
❶ 価値の解らないものもその場で査定できます。
❷ 1点1点解りやすくていねいにご説明。
❸ 流行のネット買取りには無い 即 現金買取り。
査定・見積り 無料
開催期間
11/27(金)~29(日)
催事開催時間/10:00~19:00(最終日のみ18:00まで)
ご自宅にこんなジュエリーが眠っていませんか
たとえば
主人からもらった爪の大きな婚約指輪
あの日の喜びをいつまでも大切に
リフォーム
ご主人から愛が詰まったジュエリーを、気軽に身に着けやすいデザインにリフォームすることをおすすめします。
たとえば
アクセサリーかジュエリーか判らない商品を宝石まで含めて査定してもらいたい
石の価格やデザインも含めて評価！
高額買取り
今回は宝石の知識が豊富なスペシャリストが来店致しますので、宝石そのものの査定までして、買取り致します。
デザイン・品質も重視！
相場=買い取り価格ではありません。
石の品質やデザイン性も査定に大きく影響します。
むかしご自分で買ったけど飽きてしまったジュエリーなどをお持ち下さい。
買い取りについては、ウラ面もご覧下さい。
たとえば
母親からジュエリーを受け継いだけど活用法に困っています
形を変えて代々伝えたい
リフォーム
お母さんの思い出が詰まったジュエリーを…
最新デザインに！
リペア(修理)
壊れてしまって、そのままになっている宝石がございましたら、スグお持ち下さい。
新品仕上げ
サイズ直し
ロー付け
糸換え
たとえば
通販雑誌・インターネット通販
売れ筋ランキング 第1位
今、大人気
プラチナ900ペンダント爪枠(0.3ct)
※チェーンは別売りです。
38,000円
ダンシングストーン！
55,000円
63,000円
85,000円
SOPHY KAWASUMI
イオン津店
イオン津店 1F
TEL 059-229-7420
〒514-0003
三重県津市桜橋 3-446
ソフィ川スミ
イオン津 1F

보청기

☐ MIHA 会話を聞き取りやすくするには聴器から「リスニングメイト」へ

일상 대화를 쉽게 듣기 위해서는 보청기에서 '리스닝 메이트'로

● 耳で聞いた情報が理解しづらい？

귀로 들은 정보가 이해하기 어렵다?

● 言葉の聞き取りを強調する「リスニングメイト」

말의 청취를 강조하는 '리스닝메이트'

● 補聴器の聞きやすさのカギは調整の違い

잘 들리는 보청기의 열쇠는 조정의 차이

☐ 一般的な調整の補聴器 일반적인 조정의 보청기

周囲が騒がしいと何か言ってることは分かっても内容が聞き取れない。

주위가 시끄러우면 말하고 있는 것은 알아도 내용을 모르겠다.

☐ リスニングメイト 리스닝 메이트

周囲が騒がしくても必要な情報だけを強調し言葉を聞き取りやすく「リスニングメイト」は聞き取りに必要な情報だけを強調し、会話を聞き取りやすくします。

주위가 소란스러워도 필요한 정보만을 강조하여 말을 청취하기 쉽게. '리스닝 메이트'는 청취에 필요한 정보만을 강조하여 대화를 잘 알아들을 수 있게 합니다.

☐ 補聴器のスタイル 보청기의 스타일

● 耳穴型: 耳の穴の奥まで本体が完全に収まるので目立たない。

귀 안에 넣는 형: 귀 구멍 속까지 본체가 완전히 들어가므로 눈에 띄지 않는다.

● 耳かけ型: 本体は耳の後ろに隠れるので目立ちにくい。

귀에 걸치는 형: 본체는 귀 뒤로 숨겨지므로 눈에 띄기 어렵다.

オーダーメイドで自分の耳にぴったり合わせた「リスニングメイト」をぜひ使ってみてください。

주문형 제작으로 자신의 귀에 딱 맞춘 '리스닝 메이트'를 꼭 사용해 봐주세요.

□ エムティエッチエー商事株式会社 상사 주식회사 MIHA 0120－200－177

□ 私たちは、音を耳で聴き頭で聞き取れても、頭で理解して聞き取れないことがあり、困っています。

저희들은 소리를 귀로 듣고 머리로 청취해도 머리로 이해해서 청취가 되지 않는 경우가 있어 곤란을 겪고 있습니다.

● 周囲が騒がしい時ほど役に立つ補聴器を…

주위가 소란스러운 때일수록 도움이 되는 보청기를…

● 脳で理解できる補聴器 뇌로 이해할 수 있는 보청기

● 無料聞き比べ体験会 무료 청취 비교 체험회

□ 東海補聴器センター 도카이보청기 津店 쓰점

三重県津市丸の内養正町8－3(津新町駅より徒歩10分)

미에현 쓰시 마루노우치 요세이쵸 8-3(쓰신마치역에서 도보 10분)

電話 전화 (059)226－1321 駐車場完備 주차장 완비

※ ご来店の際はその他の日程でご予約をお願いいたします。

내점하실 때는 다른 일정으로 예약을 부탁드립니다(당일 예약 안 된다는 의미).

브랜드품 매매

□ 創業150有余年 信頼と実績 買取申候 買取りだけじゃない!!

창업 150여년 신뢰와 실적- 매수하옵니다. 매수만 하지 않습니다!!

様々な商品を店内で売ってるよ！

다양한 상품을 점포내에서 팔고 있어요!

□ 明治から令和まで…いつの時代もふれあいを大切にした誠実買取

메이지부터 레이와까지 … 어느 시대도 소통을 소중히 여긴 성실한 매수

● 当店は明治元年に和服古着卸売りとして創業致しました。

저희 점포는 메이지 원년(1868년) 전통복 중고옷 도매상으로 창업을 하였습니다.

県内を歩いて古着を集める文字通り足を使っての商売を行って参りました。

현내를 걸으며 헌옷을 모으는 문자 그대로 발을 사용한 장사를 해 왔습니다.

□ 加藤直商店は、ず~っとj変わらず真心査定!!

가토나오 상점은 늘 변함없이 진심으로 감정을 합니다!!

□ 大変な時代を生き抜いてきた達のおかげで加藤直商店は存在しています。

다난한 시대를 살아 남은 선인들의 덕택에 가토나오상점은 존재하고 있습니다.

現在の取り扱い商品は貴金属、時計、ブランドバック、電動工具、生活家電、AV家電、金券、着物、雑貨と幅広く取扱っています。

현재 취급 상품은 귀금속, 시계, 브랜드백, 전공공구, 생활가전, AV가전, 금권(화폐에 준하는 증권), 기모노, 잡화 등 폭넓게 취급하고 있습니다.

□ 貴金属・ブランド品等の買取は真贋を見極める眼と長年の経験が

必要です。

귀금속 및 브랜드품 등의 매수는 진위를 꿰뚫어보는 눈과 오랜 역사의 경험이 필요합니다.

当店では長くその道に携わっている鑑定経験20年以上のベテランが来店されるお客様にご対応致しています。今後もお客様との関係を大切に末永くお店を続けていければと考えておりますので、どうぞご愛顧の程宜しくお願い申し上げます。

저희 점포에서는 오랫동안 그 길에 종사해온 감정 경험 20년 이상의 베테랑이, 내점하시는 고객에게 대응을 하고 있습니다. 앞으로도 고객과의 관계를 소중히 여기며 오랫동안 점포를 계속해서 운영해가고자 하오니 부디 앞으로도 큰 성원을 부탁드립니다.

● 創業明治元年 창업 메이지 원년 加藤直商店 가토나오 상점

□ 明治から令和 長い歴史の中で培った豊富な経験と確かな鑑定眼で真査定！

메이지에서 레이와- 오랜 역사 속에서 배양한 풍부한 경험과 확실한 눈으로 진심을 다하여 감정을 해드립니다.

● ビックリ！金の価格が歴代最高値を更新!!

깜짝이야! 금 가격이 역대 최고치를 경신!!

● 金・プラチナ高値現金買取 금 · 백금 고액 현금 매수

● 和服販売秋冬物 特別コーナー 전통복 판매 추동 복장 특별 코너

□ 予告 예고 大売り出し 대매출 12月18日~30日

□ 安心でおまかせ 안심하시고 맡겨주세요 創業明治元年 창업 메이지 원년

伝統と信頼の店(有)加藤直商店 전통과 신뢰의 가게(유한회사) 가토나오 상점

TEL 059－232－2065

ベストフレンド・古美術昇華堂はモノ・ループに社名変更いたしました
名古屋生まれ 名古屋育ち
店主 平野雄大
まるっと買取鑑定会
新装オープンキャンペーン
モノ・ループ名誉鑑定士
綾小路きみまろ
まごころ査定いたします。
20%UP! 買取金額
2日間開催
11/29(日)・30(月)
津渋見店
※2020/11/17現在
プラチナ
24金IG 7,000円/g
今が売りどき!!
インゴット買取・相談受付中!
記念金貨すべてOK
金杯・銀杯OK
メープル金貨・ウィーン金貨 他
全サイズ買取OK
ダイヤモンド・宝石もOK!
切れたチェーンネックレス
純金置物OK
金縁メガネ・金歯OK
鑑定会に来られない方はすぐにお電話
コロナ第3波警戒中!!
女性でも安心!店舗・コールセンターにて受付中!
お気軽にご相談ください。
テレビCMでおなじみ
出張買取
安心の予約制
¥0完全無料
最短30分
部屋の片付け
実家の大掃除
生前の遺品整理
1点からでも伺います!!
玄関先でも対応いたします
いいな くるくる
0120-17-9696
201206
新型コロナウイルス対策実施店
手洗い・うがい・健康チェック
マスク着用
手指消毒
換気と消毒
ソーシャルディスタンスと飛沫防止

생활협동조합

□ 生協 생활협동조합 かわら版 가와라판

SEIKYO KAWARA—BAN 2020 December 12月号 12월호

生協からの情報誌 생활협동조합이 보내는 정보지

おすすめ情報 추천정보 · お買得商品が満載！매수 상품이 만재!

□ 今月の新商品情報 이번 달의 신상품 정보

- ガルボクリーミー 가르보 크리미 (galbo creamy) ミルクティー 밀크티 ポケットパック 포켓팩 税込価格 세금 포함 125円
- カルビーハニーバターチップ 가르비 허니버터칩 143円
- 侍JAPANチップスうすしお味 사무라이 재팬 칩스 저염맛 99円
- メンタルバランスチョコレート 멘탈밸런스 초콜릿 184円
- 大きなエクレア(苺クリーム 딸기크림 &練乳ホイップ연유 휩트118円
  큰 에클레르(크림을 넣어 그 위에 초콜릿 등을 바른 것)
- カゴメ 野菜生活100スムージー あまおうスムージーMix 172円
  카고메(식품회사명) 야채생활 100 스무디 아마오우(후쿠오카현 브랜드 딸기) 스무디
- 森永乳業 たっぷり飲めちゃう森永いちご牛乳プリン165円
  모리나가유업- 듬뿍 마실 수 있는 모리나가 딸기 우유 푸딩 165엔

□ 今月のおすすめドリンク 이번 달 추천 드링크

- 南日本酪農協同 미나미니혼 낙농협동조합 ヨーグルッペ 요구룻뻬 200ml 96円

- キリン 기린 小岩井ミルクとココア 고이와이 밀크와 코코아 HOT 148円
- 特売 ポッカサッポロ キレートレモン Cウォーター 118円

  특매- 폿카 삿뽀로 기레토 레몬 C워터

- 特売 コカ・コーラ 綾鷹525ML 108円

  특매- 코카콜라 아야다카(말차 브랜드명)

□ 食品スーパー・コンビニエンスでおなじみの生協のお店でも始めました。

식품 슈퍼마켓과 편의점에서 친근한 생활협동조합에서도 시작했습니다.

ご利用にご協力お願いします。キャッシュレス・スピーディ・人と接しない対応

많이 이용해주시길 바랍니다. 캐시리스와 신속 그리고 비대면 대응

生協の「キャンパスペイカード」で精算が出来ます。

생활협동조합의 '캠퍼스 페이 카드'로 정산이 가능합니다.

□ セルフレジの使い方 셀프 정산의 사용법

① カードを置く 카드를 놓는다

② バーコードをスキャン 바코드 스캔

③ 支払いを押す 지불 보턴을 누른다

④レシートを取る 영수증을 받는다

⑤カードを忘れずに 카드를 가져간다

□ 食堂おすすめメニュー 식당 추천 메뉴

- キムチーズ김치즈 雑炊 조수이(일본 쌀 기반 야채 스프) 418円

  暖かいキムチ雑炊にチーズをのせました。チーズがよく合うメニ

ューです。

따뜻한 김치 조수이에 치즈를 얹었습니다. 치즈가 잘 어울리는 메뉴입니다.

● 鶏唐揚げ旨辛ソース 308円 닭튀김 맛있고 매운 소스

鶏唐揚げに旨辛のソースをかけました。ピリ辛でご飯がすすみます。

닭튀김에 맛있고 매운 소스를 얹었습니다. 조금 매운 맛으로 밥을 잘 먹을 수 있습니다.

● デミたま ハンバーグ 데미타마(드미글라스와 계란) 352円

濃厚なデミソースにとろっと玉子をかけてまろやかにいただけるハンバーグです。

농후한 데미타마 소스에 살짝 계란을 얹어 감미롭게 드실 수 있는 햄버그입니다.

● オムハヤシライス 오무하야시라이스 418円

12月定番のライスメニューです。たまごとハッシュドビーフが良くあいます。

12월 정식 라이스 메뉴입니다. 계란과 해쉬드비프가 잘 어우러집니다.

● 野菜たっぷり豚辛ラーメン야채가 듬뿍 드어간 매운 맛 돼지고기 라멘 462円

野菜がたっぷり入ったラーメンです。体が温まるメニューです。

야채가 듬뿍 들어간 라멘입니다. 몸이 따뜻해지는 메뉴입니다.

□ 大学生協Webサイトリニューアル中！

대학생활협동조합 웹 사이트 리뉴얼중입니다!

この度、各大学生協のホームページを全面リニューアルいたします。スマートフォンやタブレット端末からもご覧いただけるレスポンシブサイトで作成しています。

今後とも、内容の充実を図るとともに、わかりやすく最新の情報を発信(はっしん)してまいりますので、よろしくお願(ねが)い致(いた)します。

이번에 각 생활협동조합 홈페이지를 전면 리뉴얼합니다. 스마트폰과 타블렛단말기로도 보실 수 있는 리스폰시브 사이트로 작성하고 있습니다.

앞으로도 내용의 충실을 기함과 동시에 알기 쉽게 최신정보를 발신해 가겠사오니 앞으로도 잘 부탁드립니다.

수도 및 배수 트러블 출장 공사

□ 水道修理 수도수리 排水修理 배수수리 出張致します。출장수리합니다.

□ 水まわりトラブル 물 관련 고장 · つまり막힘 · 水もれ 물새는 것

· 水道修理 수도수리

水が止まらない、流れない、つまったなどお任せください!!

물이 멈추지 않거나 흐르지 않거나 막히면 꼭 맡겨주세요!!

□ 基本料金기본요금

● 各所漏水調査 특정한 장소누수 조사 出張費込 출장비 포함 5000円~

● 台所 부엌 出張費込 출장비 포함

○ 蛇口の水漏れ 수도꼭지 물새는 것 8000円

○ 単水栓交換 단수전 교환 8000円

○ 混合水栓交換 혼합수전 교환 8000円

○ 調整作業 조정 작업 5000円

○ フレキ管交換 플렉시블 배관 교환 8000円

○ 赤サビが出る 붉은 녹이 나온다 現場見積 현장 견적

● 浴室 욕실 出張費込 출장비 포함

○ 調整作業 조정 작업 5000円

○ 蛇口からの水漏れ 수도꼭지에서 물이 새는 경우 8000円

○ ハンドルからの水漏れ 핸들에서 물이 새는 경우 8000円

○ シャワーホース交換 샤워 호스 교환 8000円

○ 浴室水栓交換 욕실 수전 교환 8000円

○ フレキ管交換 플렉시블 배관 교환 8000円

● 洗面所 세면장 出張費込 출장비 포함

○ 調整作業 조정 작업 5000円

○ 蛇口の水漏れ 수도꼭지에서 물이 새는 경우 8000円

○ 洗濯機用 水栓交換 세탁기용 수전 교환 8000円

○ 洗濯機用ホース交換 세탁기용 호스 교환 8000円

○ 止水栓の水漏れ 지수전에서 물이 새는 경우 8000円

※지수전 : 상수도에서 물을 막기 위해 배수관과 급수전 사이에 설치하는 플러그. 고장 수리나 요금 체납 등으로 급수를 중단하려고 할 때 사용함.

※ 인용 주소 https://badadict.com/ko/1297899(검색연월일:2022년 03월 19일)

○ ハンドルからの水漏れ 핸들에서 물이 새는 경우 8000円

○ 洗面台交換 세면대 교환 現場見積 현장 견적

● トイレ 화장실 出張費込 출장비 포함

○ 調整作業 조정 작업 5000円

○ タンクの水が止まらない 탱크의 물이 멈추지 않는다 8000円

○ タンクの水が出ない 탱크의 물이 나오지 않는다 8000円

○ タンクの水が溜まらない 탱크의 물이 차지 않는다 8000円

○ タンクの水が流れない 탱크의 물이 흐르지 않는다 8000円

○ タンクからの水漏れ 탱크에서 물이 새는 경우 8000円

○ 給湯器(きゅうとうき) 급탕기 出張費込(しゅっちょうひこみ) 출장비 포함 5000円(えん)

○ 作動調整(さどうちょうせい) 작동 조정 8000円(えん)

○ 本体(ほんたい)からの水漏(みずも)れ 본체에서 물이 새는 경우 8000円(えん)

○ 保温作業(ほおんさぎょう) 보온 작업 8000円(えん)

○ フレキ管交換(かんこうかん) 플렉시블 배관 교환・バルブの交換(こうかん) 밸브 교환 8000円(えん)

□ 排水修理(はいすいしゅうり) 배수 수리 出張費(しゅっちょうひ) 출장비・点検(てんけん) 점검・お見積(みつも)り無料(むりょう) 견적 무료

専用(せんよう)カメラで管内調査(かんないちょうさ) 전용 카메라로 배관 내 조사

高圧洗浄(こうあつせんじょう)で管内(かんない)を綺麗(きれい)に 고압 세정으로 배관 내를 깨끗이 청소

排水(はいすい)のつまり、洗浄(せんじょう)、修理(しゅうり)お任(まか)せ！ 배수 막힘, 세정, 수리 맡겨주세요!

● つまり 막힘 出張費込(しゅっちょうひこみ) 출장비 포함

○ トイレのつまり 화장실 막힘 8000円(えん)

○ 台所(だいどころ)・シンクのつまり 부엌 및 싱크대 막힘 8000円(えん)

○ 浴室(よくしつ)、洗(あら)い場(ば)のつまり 욕실, 세면장 막힘 8000円(えん)

○ 洗面台(せんめんだい)のつまり 세면대 막힘 8000円(えん)

○ 排水(はいすい)ホースの交換(こうかん) 배수 호스 막힘 8000円(えん)

○ 排水管(はいすいかん)のつまり 배수관 막힘 8000円(えん)

● 管内洗浄(かんないせんじょう) 배관 내 세정 出張費込(しゅっちょうひこみ) 출장비 포함

○ 作業料金(さぎょうりょうきん) 작업 요금 15000円(えん)

● 管内(かんない)カメラ調査洗浄(ちょうさせんじょう) 배관 내 카메라 조사 세정 出張費込(しゅっちょうひこみ) 출장비 포함

○ 作業料金(さぎょうりょうきん) 작업 요금 20000円(えん)

● 悪臭調査(あくしゅうちょうさ) 악취 조사 出張費込(しゅっちょうひこみ) 출장비 포함

○ 基本料金 기본 요금 5000円~

どんな水まわりトラブルもお任せ!!すべてのつまりに対応可能

어떤 물 관련 트러블도 맡겨 주세요! 모든 막힘에 대응 가능합니다.

※ 掲載金額は基本料金(税抜)となります。決定金額は現場確認後のお見積金額となります。

본 전단지에 게재한 금액은 기본요금(세금 별도)입니다. 결정 금액은 현장 확인 후의 견적 금액입니다.

□ 地元の水道 지역 수도 安心価格 안심할 수 있는 가격 水道修理 수도 수리

有会社光産業 유한회사 히카리산업

水まわりプロ上下水道指定工事 店 물 관련 프로 상하수도 지정 공사점

出張 출장 · 点検 점검 · 見積無料 견적 무료 0120－050－785

津市半田3101－3番地 쓰시 한다 3101-3번지

マグネットになっています。冷蔵庫にお張りください。

자석이 붙어 있습니다. 냉장고에 붙여주세요.

수목장

□ 三重県発 自然に還るお墓 そして潮音寺が永代に渡りご供養いたします。

미에현발- 자연으로 돌아가는 묘지 그리고 조음사가 영구적으로 공양합니다.

□ 潮音寺樹木葬墓園 조음사 수목장 공원묘지

結びの丘 무스비의 언덕

あなたの悩みに応える永代供養墓

당신의 고민에 답하는 영구 공양묘지

- 身内に負担をかけたくない 가족에게 부담을 끼치고 싶지 않다
- お金をかけられない 돈을 쓸 수 없다
- 既存のお墓にこだわらない 기존의 묘지(양식)을 고집하지 않는다
- 跡つぎがいない 후손이 없다
- 墓じまいがしたい 묘지를 해체하고자 한다
- 墓参りに行けない 성묘를 갈 수 없다

□ 潮音寺「結びの丘」は、大切なご遺骨を樹木(ハナミズキ)のもとに埋葬する樹木葬型の永代供養墓です。永代供養墓とは、大切な誰かに代わって、お寺に管理と供養を託していただけるお墓です。前向きなお墓選びに加えて、ご葬儀や継承問題など、終活に関する様々なお悩みの相談も受け付けております。些細なお悩みでも構いませんので、お気軽にご相談ください。丁寧にご説明させていただきます。潮音寺住職 村上英俊

조음사 '무스비의 언덕'은 소중한 유골을 수목 근처에 매장하는 수목장형의 영구 공양묘

지입니다. 영구 공양묘지란 소중한 누군가를 대신하여 사찰에 관리와 공양을 맡길 수 있는 묘지입니다. 긍정적인 묘지 선택에 더하여 장례식이나 계승문제 등 임종 준비에 관한 다양한 고민 상담도 접수하고 있습니다. 사소한 고민이라도 상관없으니 부담없이 상담해주세요. 정성껏 설명 드리겠습니다. 조음사 주지 무라카미 히데토시

□ 13年または33年の期間専用カロートへご埋葬し、「お結びさん」のもとでご安置ご供養いたします。専用カロートは「1名様用」と「ご家族」があり、「ご家族用」は最大4名様までごすることができます。

13년 또는 33년 기간 전용 납골당에 매장하고 장례지도사 입회하에 안치와 공양을 합니다. 전용 납골당은 1인용과 가족용이 있으며 가족용은 최대 4분까지 매장할 수 있습니다.

□ 樹木葬수목장 1名様 30万~ 2名様 50万円~ 3名様 60万円~ 4名様 70万円~

□ お問い合わせ先 문의처

真宗高田派 乙部山 潮音寺 住職 村上英俊

진종 다카다파 오토베야마 조음사 주지 무라카미 히데토시

〒514-0018 三重県津市中河原 미에현 쓰시 나카가와라 554

電話전화 059－228-9090

丁寧にご説明させていただきます。정성껏 설명해드리겠습니다.

潮音寺
樹木葬墓園
結びの丘
あなたの悩みに応える永代供養墓
潮音寺「結びの丘」は、大切なご遺骨を樹木（ハナミズキ）のもとに埋葬する樹木葬型の永代供養墓です。
永代供養墓とは、大切な誰かに代わって、お寺に管理と供養を託していただけるお墓です。
前向きなお墓選びに加えて、ご葬儀や継承問題など、終活に関する様々なお悩みの相談も受け付けております。
些細なお悩みでも構いませんので、お気軽にご相談ください。
丁寧にご説明させていただきます。
潮音寺 住職 村上英俊
13年または33年の期間専用カロートへご埋葬し、「お結びさん」のもとでご安置ご供養いたします。専用カロートは「1名様用」と「ご家族用」があり、「ご家族用」は最大4名様までご埋葬することができます。
専用カロート（ご遺骨埋葬室）
結びの丘 HomePage
潮音寺 HomePage
樹木葬
1名様用
1名様 30万円~
ご家族用
2名様 50万円~
3名様 60万円~
4名様 70万円~
13年または33年の期間が経つと、皆様ご一緒に合祀墓へ合葬致します。その後は潮音寺が責任をもって永代に渡りご供養して参ります。合葬に料金は発生いたしません。
合葬のみも可
「結びの丘」では最初から合葬をお選びいただくこともできます
1名様 20万円
お問い合わせ先
真宗高田派 乙部山 潮音寺
住職 村上 英俊
〒514-0018 三重県津市中河原554
電話 059-228-9090
丁寧にご説明させて頂きます。

슈퍼마켓 1

□ 本日12月1日 금일 12월 1일(火)限り 한정

本日のおすすめ!! 금일 추천!! 火曜肉の日 화요 식육의 날

- 国産 국산 豚切落し 돈육(特大)100g当り 100그램당 79円
- カナダ産麦のはぐくみ三元豚(3개의 다른 품종으로 개량한 돼지)

  バラしゃぶしゃぶ用(特大)100g当り 89円

  캐나다산 보리로 사육한 산겐돈 바라샤부샤부용(특대)
- カナダ産麦のはぐくみ三元豚 バラブロック 100g当り 89円

  캐나다산 보리로 사육한 산겐돈 바라블록
- 国産若鳥手羽元 국산 영계 데바모토(닭가슴에 가까운 상완 부분) 100g当り 49円
- 厳選国産牛肩肉 엄선 국산소 어깨살

  しゃぶしゃぶ用 샤부샤부용(薄切り 얇게 썬 것)399円
- 厳選国産牛小間切れ 엄선 국산소 대패살 350g 99円
- 国産黒毛和牛 국산흑모와규 切落し썬 것 380g 1,480円
- 国産豚ロース生姜焼用 국산 돼지로스 생강구이용(特大특대)100g当り 169円
- 国産豚肉ミンチ 국산돈육민치(生原料使用 생원료 사용)100g当り 99円
- 国産若鳥ムネ肉 국산 영계 가슴살(2枚入り 2장입)100g当り 169円
- マルヤスおすすめの豚肉 国産やまと豚切落し499円

  마루야스 추천 돈육- 국산야마토 돈육 썬 것

- 国産豚ロースしゃぶしゃぶ用(薄切り) 550g 990円

  국산 돼지 로스 샤부샤부용(얇게 썬 것)

- 伊藤ハム ポークビッツ・チーズイン 299円

  이토햄 포크빗츠 · 치즈가 들어간 것

☐ 12/1(火)~3(木)限り 한정 3日間共通のお買得!! 3일간 공통의 이득

- 伊藤ハム 朝のフレッシュ ロースハム・ハーフ ベーコン 199円

  이토햄- 아침의 프레쉬 로스햄 · 하프 베이컨

- 伊藤ハム グランドアルト バイエルン 359円

  이토햄- 그랜드알트 바이에른

- 伊藤ハム 特級あらびきポークウインナー(大袋)610g 659円

  이토햄- 특급 아라비키 포크 비엔나(큰 봉지)

☐ 青果もお買得!! 청과도 이득!!

- 朝市午前9時スタート!! 北海道産 玉ねぎ1個 19円

  아침시장 오전 9시 스타트!! 홋카이도산 양파 1개 19엔

- 北海道産 홋카이도산 にんじん당근 1本 39円
- 愛知県 아아치현 他 그 외 キャベツ 양배추 1個 79円
- 北海道産 홋카이도산 じゃがいも 감자 1個 39円
- 北海道産 홋카이도산 にんじん 당근 1本 39円
- ブロッコリー 브로콜리 1株 1속 79円
- ピーマン 피망 1袋 1봉지 79円
- まいたけ 잎새버섯 1パック 1팩 89円
- エリンギ 큰느타리버섯 大パック 큰팩 1袋1봉지 39円

- エノキ茸(だけ) 팽나무버섯 大袋(おおぶくろ) 큰 봉지 99円(えん)
- サンふじりんご 산후지 사과 1個(こ) 139円(えん)
- 山形産(やまがたさん) 야마가타산 ラ・フランス 라프랑스 180円(えん)

□ 鮮魚(せんぎょ)のおすすめ!! 싱싱한 생선 추천!!

- 静岡産(しずおかさん) 皿合(さらあ)い取(と)り かつおたたき刺身用(さしみよう)スライス 100g当(あた)り 239円(えん)

  시즈오카산 잘게 다진 가다랑어회 슬라이스

- ノルウェー産(さん) 生(なま)アトランティック サーモン刺身用(さしみよう)(養殖(ようしょく))100g当(あた)り 359円(えん)

  노르웨이산 생 아틀란틱 연어회용(양식)

- 高知県(こうちけん) 고치현 ぶり刺身用(さしみよう)(養殖(ようしょく)) 방어회용(양식) 100g当(あた)り 399円(えん)
- 宮城産(みやぎさん) 金華鯖(きんかさば)の〆(しめ)サバ お造(つく)り(解凍(かいとう))1パック 1팩 500円(えん)

  미야기산 소금치고 식초에 절여 만든 고등어 (해동)

- ちりめん 잔멸치(어린 잡어새끼) 100g当(あた)り 199円(えん)
- チリ産(さん) 生食用(なましょくよう)スモーク サーモン切(き)り落(お)とし 100g当(あた)り 399円(えん)

  칠레산 생식용 훈제연어살 자른 것

- アイルランド産(さん) 아일랜드산 あじ開(びら)き 전갱이 배를 갈라 말린 것 4枚(まい) 399円(えん)

マルヤス・コスモス合同
チラシ価格は「本体価格」(税抜)で表示しております。
★広告売出し日 12月1日(火)限り
本日 12月1日(火)日限り
本日のおすすめ!!
火曜肉の日
国産 豚切落し(特大) 100g当り 79円 限定200パック
国産 豚ロース生姜焼用(特大) 100g当り 169円
生原料にこだわりました! 国産 豚肉ミンチ(生原料使用) 100g当り 99円
国産 若鶏ムネ肉(2枚入り) 100g当り 49円
国産 若鶏モモ肉(2枚入り) 100g当り 89円
産地指定農家よりおとどけする高品質なカナダポーク
カナダ産 麦のはぐくみ三元豚 バラしゃぶしゃぶ用(特大) 100g当り 89円 限定80パック
カナダ産 麦のはぐくみ三元豚 バラブロック 100g当り 89円 限定80パック
国産 豚ロースカツ(4枚入り) 100g当り 169円
マルヤスおすすめの豚肉 国産 やまと豚切落し 400g 499円
国産 若鶏手羽元 100g当り 49円
マルヤス厳選の国産牛肉 厳選国産牛肩肉しゃぶしゃぶ用(薄切り) 100g当り 399円
国産 豚ロースしゃぶしゃぶ用(薄切り)550g 990円
伊藤ハム ポークビッツ・チーズイン 各71g×2 299円
マルヤス厳選の国産牛肉 厳選国産牛小間切れ 350g 990円
国産黒毛和牛 切落し 380g 1,480円
売り切れ御免
12/1(火)~3(木)限り 3日間共通のお買得!!
伊藤ハム 朝のフレッシュ ロースハム・ハーフベーコン 各3連 199円
グランドアルト バイエルン 127g×2 359円
伊藤ハム 特級あらびきポークウインナー(大袋) 610g 659円
青果もお買得!!
朝市 午前9時スタート!!
北海道産 玉ねぎ 1個 19円 お一人様5個限り/限定1000個
北海道産 にんじん 1本 39円
愛知産、他 キャベツ 1個 79円 お一人様1個限り/限定100個
じゃがいも 39円
ピーマン 79円
ブロッコリー 79円
雪国まいたけ 89円
エリンギ大パック 99円
エノキ茸大袋 99円
サンふじりんご 139円
ラ・フランス 180円
鮮魚のおすすめ!!
静岡県産 血合い取りかつおたたき刺身用スライス 239円
ノルウェー産 生アトランティックサーモン刺身用 100g当り 359円
ぶり刺身用 100g当り 399円
金華鯖のメサバ お造り 1パック 500円
ちりめん 199円
生食用スモークサーモン切落とし 399円
あじ開き 399円
味の素 ピュアセレクトマヨネーズ 400g コクうまカロリー65%カット 360g 149円 お一家族様合わせて2本限り
創味食品 創味のつゆ 1L 599円 お一家族様1本限り
雪の華はんぺん 79円
大陸 肉ワンタンしょうゆ味・えびワンタンしお味 89円
焼くだけ4個入(厚揚げ) 99円
日清焼うどん 109円
ぜいたく果実のむヨーグルト 各種 99円
バニラヨーグルト各種 169円
食べ方いろいろトルティーヤチップス うす塩味 169円
丹念熟成菓子パン 各種 89円
おはよう各種 119円
ハムポテトフライ 199円
2020マルヤス クリスマスケーキ ご予約承り中 12月12日(土)17時まで
おせち ご予約承り中 12月25日(金)まで
FRESH MARKET Maruyasu
山手通り店
フーズパビリオン西条店
橋南店
FRESH MARKET COSMOS
コスモス一身田店
コスモス久居インター店
コスモス松阪川井町店
松阪店はベーシック松阪店として新しく生まれ変わりました。
Mervie
メルヴィフードホール亀山店
メルヴィ芸濃店

슈퍼마켓2

□ 私たちはイオンです 저희들은 이온입니다. 11/30(月)限り

□ 毎月매월 20日・30日 お客様感謝デー 고객감사의 날

- 各種イオンマークの付いたイオンカードのご利用・ご提示、イオン銀行キャッシュカードのご提示、または電子マネーWAONのお支払いで 衣料品・食料品・暮らしの品。今ついている本体価格からレジにて 5%OFF カードでおトク！

  각종 이온 마크가 붙은 이온 카드의 이용 및 제시, 이온 은행 캐시카드의 제시, 또는 전자머니 와온의 지불로 의료품, 식료품, 생활 물품 지금 붙어 있는 본체 가격부터 금전등록기 5% 카드로 이득!

□ 11/28(土)限り한정 お1人さま3点限り 1인당 3점까지

- 長野県産またはほか国内産 ぶなしめじ1袋 本体価格 77円(税込83.16円)

  나가노현산 또는 국내산 느티만가닥버섯 1봉지 본체 가격 77엔

- 国産黒豚もも切りおとし 100g当り 本体価格 97円(税込104.76円)

  국산흑돼지 대퇴살 자른 것 100g당 본체 가격 97엔

- 雪印メグミルク 雪印コーヒー 1000ml 本体価格 97円(税込104.76円)

  눈표 메구밀크 눈표 커피 본체 가격

□ 11月29日(日)限り한정 お1人さま3点限り 1인당 3점까지

- 茨城県産またはほか国内産 レタス 1個 本体価格 67円(税込72.36円)

  이바라기현 산 또는 그 외 국내산 양상추 1개

- モチクリームジャパン 모치크림재팬

○ 生クリーム大福 생크림 대복

○ 苺ショートケーキ大福 딸기 숏케이크 대복

本体価格各 77円(税込83.16円)

● アメリカ産 미국산 牛肉肩ロースステーキ用 쇠고기 로스스테이크용 100g当り

本体価格 157円(税込169.56円)

● 台湾産 대만산 メバチまぐろ 눈다랑어 刺身用 생선회용(解凍해동)100g当り本体価格 177円(税込191.16円)

□ 11月30日(月)限り 한정

● 大分県産ほかぶり切り身(養殖)1切 本体価格 97円(税込104.76円)

오이타현 산 외- 방어살(양식) 1조각

● ヤマザキ ランチパック 야마자키 런치팩

○ たまご 계란

○ ハム햄・マヨ 마요네즈

○ ピーナツ 피너츠

各 2個入 本体価格各 87円

● アメリカ産豚肉ばら 切りおとし 미국산 돼지뱃살 자른 것 100g当り本体価格 87円(税込93.96円)

● お1人さま3点限り 1인당 3점까지

宮城県産またはほか国内産長(白)ねぎ 미야기현 산 또는 그 외 국내산 흰 대파 本体価格 97円(税込104.76円)

시푸드 음식점

□ DANCING CRAB「ダンシングクラブ」は、アメリカ南部ルイジアナスタイルのエンタテインメント・レストラン。テーブルの上に料理を広げて、ナイフやフォークを使わずに手づかみでワイワイ楽しくシーフードを食べるという豪快な料理です。にぎやかで活気のある雰囲気の中で、「美味しくて楽しい」時間をお過ごしください。

댄싱 크랩 '댄싱크랩'은 미국 남부 루이지애나 스타일의 엔터테인컨트 레스토랑입니다. 테이블 위에 요리한 음식을 펼쳐 나이프와 포크를 사용하지 않고 손으로 흥을 돋우며 즐겁고 호쾌하게 시푸드를 먹는 요리입니다. 시끌벅적하고 활기가 있는 분위기 속에서 맛있고 즐거운 시간을 보내세요.

□ 美味しさ満点、豊富なメニューウワサの手づかみシーフードにみんなでとりかかれー！

만점의 맛, 풍부한 메뉴 손으로 집어 먹는 소문난 시푸드에 모두 달려들어라!

□ 日替わりで仕入れる旬のシーフード！ 매일 메뉴가 바뀌는 제철 시푸드!

□ 新鮮なシーフードプラッター 신선한 시푸드 접시(금속제의 둥근 접시)

□ 楽しい雰囲気で広々とした店内 즐거운 분위기로 넓직한 점포 내부

□ 厳選食材を使用 엄선한 식재를 사용했습니다

□ パーティーにもどうぞ！ 파티용으로도 이용해주세요!

□ TOKYO 新宿NOWAビル TEL：03－6380－5151

東京都新宿区新宿3－37－12 新宿NOWAビル2F

도쿄도 신쥬쿠구 신쥬쿠 신쥬쿠NOWA 빌딩 2층

신문사 독자 서비스

□ 離れて暮らすお父さん、お母さんが心配じゃないですか？

떨어져 사는 아버님, 어머님이 걱정되지 않으신가요?

● 中日新聞販売店による読者の安否確認サービス

쥬니치 신문 판매점에 의한 독자 안부 확인 서비스

あっ！新聞が残ってる！ み・まも~る

악! 신문이 그냥 꽂혀 있다. 미마모루(지켜보다)

● ポストに残った新聞で異常を察知し、読者の安否を確認するサービスです。

포스토에 그냥 꽂혀 있는 신문으로 신변 이상을 탐지하고 독자의 안부를 확인하는 서비스입니다.

① あっ！新聞が残ってる!! 配達スタッフが非常を察知すると

앗! 신문이 아직 꽂혀 있다!! 배달원이 신변 이상을 탐지하면

② 配達スタッフより販売店に連絡 배달원이 판매점에 연락한다.

③ 訪問や電話などで確認 방문이나 전화 등으로 확인한다.

④ 確認がとれない場合、登録された緊急連絡先へ連絡

확인이 되지 않는 경우, 등록된 긴급 연락처로 연락한다.

⑤ 安否を確認 안부를 확인한다.

● このサービスを受けるには中日新聞を定期購読していることが必須となります。이 서비스를 받기 위해서는 쥬니치신문을 반드시 정기구독하셔야 합니다.

● 中日新聞お客さまセンター ☎0120-45-4010 쥬니치 신문 고객 센터

아파트 단지 세입자 모집

□ 上浜団地 가미하마 단지 入居者募集中 입주자 모집중

- 1月申込限定キャンペーン 1월 신청 한정 캠페인
- 初期費用約9万円で引越し可 초기 비용 약 9만엔으로 이사 가능
- 賃料28,000円 임대료 28,000엔
- ＜住所주소＞三重県津市上浜町4－49 미에현 쓰시 가미하마쵸 4-49

  近鉄名古屋線 긴테쓰 나고야선

  「江戸橋」駅より徒歩2分 '에도바시' 역에서 도보로 2분

  近鉄名古屋線「津」駅より徒歩13分 긴테쓰 나고야선 '쓰'역에서 도보 13분

□ ご入居特典 입주 특전

＜特典1＞ カギ交換代通常16,500が無料

<특전1> 열쇠 교환대금 통상 16,000엔이 무료

＜特典2＞フリーレント2ヶ月分※ 賃料・管理費のみ

<특전2> 프리 렌트 2개월분 ※ 임대료 · 관리비만

□ お問い合わせはこちら＜チラシを見たとお伝えください＞

문의는 이쪽으로 <전단지를 보았다고 전해주세요(말씀해주세요)>

CRUISE株式会社 크루즈 주식회사 クルーズ 크루즈 ☎ 052－253－8832

〒460-0014 愛知県名古屋市中区富士見町3－7

아이치현 나고야시 중구 후지미쵸 3-7

□ 기타 주요 어휘

和室 일본식방 / 押入 벽장 / 玄関 현관 / 物入 창고 / 2LDK / 3LDK 敷金 부금 / 礼金 사례금 / 管理費 관리비 / 駐車場 주차장 / 駐輪場 주륜장 / 契約形態 계약형태 / 更新 갱신료 / 保証会社 보증회사 / 火災保険 화재보험

안경점 세일

□ メガネのマスダ 안경의 마스다 歳末BIGセール 연말 빅세일

● 新発売記念価格 신발매 기념 가격 レンズ付一式 렌즈 포함 일식

薄型非球面 박형 비구면

通常価格 통상가격 10,000円 ➡ 今だけ 지금만 9,000円

□ 当店人気のおすすめブランド 본점 인기의 추천 브랜드

●「着るメガネ」をコンセプトにトレンドファッションを取り入れたユニーク溢れるアイウェア レンズ付一式 8,000円

'입는 안경'을 컨셉으로 트렌드 패션을 채택한 유니크 넘치는 아이웨어 렌즈 포함 일식

● フィンランドを代表するブランド。ストーリーを大切にし、フィンランドらしさを追求する今注目のブランドです。レンズ付一式 10,000円

핀란드를 대표하는 브랜드. 스토리를 소중히 하고, 핀란드다움을 추구하는 지금 주목의 브랜드입니다. 렌즈 포함 일식

● MICHOPA COLLABORATION レンズ付一式 렌즈 포함 일식 15,000円

□ 有害なブルーライトから目を守ろう！ 유해한 블루 라이트에서 눈을 지키자!

ブルーライトの軽減にもいろいろあります。

블루라이트의 경감에도 여러 가지가 있습니다.

オプション加工代 1組プラス3,300円 옵션 가공비 1쌍 플러스 3,300엔

□ 津市プレミアム付商品券がお使いいただけます。

쓰시 프레미엄 포함 상품권을 사용하실 수 있습니다.

(イオンタウン鈴鹿まるごと応援券、アビ松阪三雲店は松阪みんなの商品券)

(이온 타운 스즈카 몽땅 응원권, 아비 마쓰사카 미구모점은 마쓰사카 모두의 상품권)

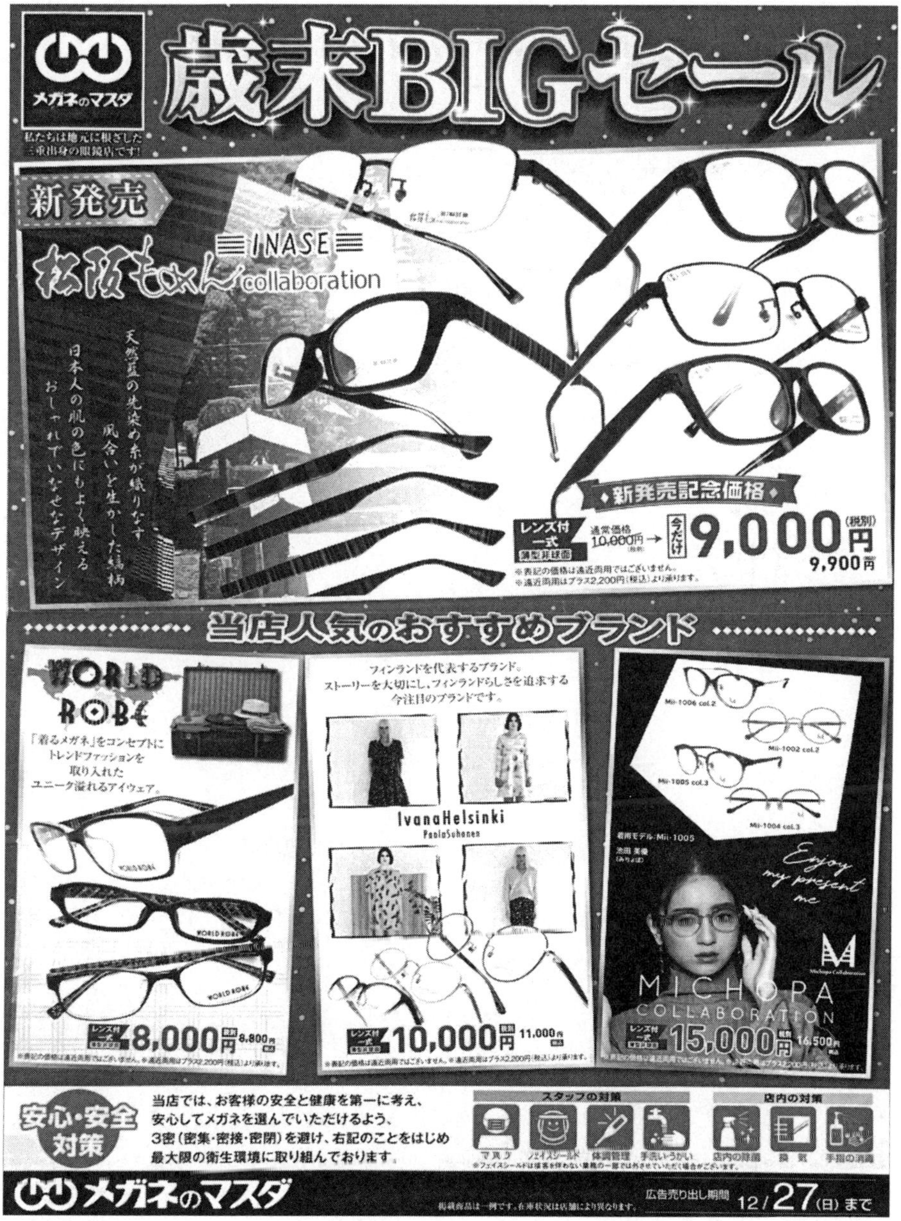

여성 의류

□ BELLUNA ベルーナ 一度はいたら手放せない！

베르나- 한번 입으면 손에서 놓을 수 없다!

蓄熱×ストレッチ 축열×스트레치

高い蓄熱力と保湿力 높은 축열력과 보습력

□ TV CMで大反響!! こだわりの技術が生みだした暖かでソフトな風合い。

TV CM으로 대반향!! 타협하지 않는 기술이 낳은 따뜻하고 소프트한 감촉

＋8.9℃の素材!! 蓄熱保湿 綿サテンパンツ ￥1,990~

+8.9℃의 소재!! 축열 보습 면 사텐바지

□ この折込チラシからのご注文に限りまして12月7日(月)注文分までの期間限定で送料無料

이 폴드 전단지를 보고 주문하신 것에 한정하여 12월 7일(월) 주문분까지의 기간 한정으로 송료를 무료로 해드립니다.

□ ＜受付時間 접수시간＞午前9：00~午後9：00

通話料無料 0120－26－26－02

携帯の場合は 핸드폰으로 거실 때에는 048－633－2800

□ CMで大反響！2本 ￥3,980「毛布のような暖かさ！」

CM으로 대반향! 2개 3,980엔 '모포와 같은 따스함!'

一度履いたらもう手放せない♪ 한 번 신으면 이제 손에서 못 뗀다♪

□ 可愛い「ケーブル柄」の美ライン最旬ニット 2枚よりどり ￥3,980~

귀여운 '케이블 무늬'의 아름다운 라인 완전 제철 니트 좋아하시는 것 2장 자유 선택

□ この品質でこの価格！「蓄熱保温、ダウンコート」¥4,990~

이 품질로 이 가격! '축열 보습, 다운 코트'

□ あったか「裏ファー」こっそり暖か「裏ファー」お洒落ベスト！

따뜻한 '안감' 은근히 따스한 '안감' 멋쟁이 베스트!

2枚よりどり 2장 선택 가능 ¥2,980~

□ あったか裏ファー！「毛布のような暖かさ」もう手放せない裏側ファーの暖かさ。

따뜻한 안감！ '모포와 같은 따스함' 이제 손에서 떼어낼 수 없는 안감의 따스함

2枚よりどり 2장 선택 가능 ¥2,980~

□「優しいぬくもり」大人の華やぎプルオーバー 3枚 ¥4,980~

'살가운 따스함' 성인의 화려한 풀오버 3장 4,980엔~

□ 雨の日にも対応！「防水仕様」ゆったり履けて快適 高性能な一足！

비가 오는 날에도 대응! '방수 사양' 여유있게 신을 수 있어 쾌적. 고성능의 1족

SPECIAL PRICE ¥2,990

□ ご注文はお早めに 通話料無料 0120－26—26－02 チラシ番号 9847

주문은 빨리 통화료 무료 전단지 번호

여성 전용 헬스클럽

☐ FURDI 津岩田 쓰이와타

欧州中心に20万人以上が利用！유럽 중심으로 20만명 이상이 이용

あなただけのオリジナルトレーニング 당신만의 오리지널 트레이닝

三重県津市にOPEN！미에현 쓰시에 오픈

- 安心の女性専用 안심할 수 있는 여성 전용
- 好きな時に時短30分 좋아하는 때에 시간 단축 30분
- 通い放題 무제한 이용 6,980円

☐ 今がチャンス！지금이 찬스! 定員になり次第終了！

정원이 되는 대로 종료합니다!

- 好評につき2次募集開始50名様限定 入会金 0円

  호평에 힘입어 2차 모집 개시 50분 한정- 입회금 0엔

☐ 無料だからお気軽に 무료이므로 부담없이

WEBで24時間体験申込受付中！인터넷으로 24시간 체험 신청 접수중!

- 当スタジオでは徹底した抗ウイルス対策を実施しています。

  저희 스튜디오에서는 철저한 항바이러스 대책을 실시하고 있습니다.

☐ ファディーでは安心·安全な空間づくりを推進しています。

퍼디에서는 안심 및 안전한 공간 조성을 추진하고 있습니다.

☐ これらの取り組みを継続的に行うことで皆さまの健康を、積極的にサポートいたします。

이러한 조치를 계속해서 이행하는 것으로 여러분들의 건강을 적극적으로 서포트해 나가겠습니다.

☐ RECOMMEND だから薦めたい!! 그래서 추천하고 싶다.

AI Fitness de 免疫力 면역력 UP

● AIマシンのメニュー AI머신의 메뉴 1分×15個

● 有酸素運動 유산소 운동 1分×15個

● AIフィットネスはゲーム感覚で面白い！

AI피트니스는 게임 감각이어서 재미있다!

☐ お客様の声 고객의 목소리

友達にも自慢できるサイズダウンです！

친구들에게도 자랑할 수 있는 사이즈 다운입니다.

3カ月で 3개월만에 －4.9kg

● ウェスト 웨스트 －12cm

● ヒップ 힙 －7cm

☐ お気軽にお電話でご相談ください。부담없이 전화로 상담하세요.

TEL：059－271-7188

FURDI[ファディー 퍼디] 津岩田 쓰이와타

津市岩田13番地28 三重ビル3F 営業時間 / 8：00-22：00

쓰시 이와다 13번지 28 미에 빌딩 3층 영업시간 / 8：00-22：00

[ファディー]
FÜRDI 津岩田
欧州中心に20万人以上が利用!
ドイツ発!!
あなただけのオリジナルトレーニング
三重県津市にOPEN!
安心の 女性専用
好きな時に 時短30分
通い放題 6,980円
今がチャンス! 定員になり次第終了!
好評につき 2次募集開始
50名様 限定
体験後そのままご入会で
通常 18,000円
入会金0円
無料だから お気軽に
WEBで24時間 体験申込受付中!
STOP COVID-19
当スタジオでは徹底した抗ウイルス対策を実施しています

여행정보

☐ 近鉄電車で行く 긴테쓰전차로 간다 魅惑の旅プラン 매혹의 여행

12月号 12월호

☐ 名古屋~大阪をつなぐ新型名阪特急 ひのとり

나고야~오사카를 연결하는 신형 메이한 특급 히노토리

☐ GOTOトラベルキャンペーン 고투 트래블 캠페인

ご旅行代金が最大で半額相当支援されます。

여행 요금이 최대 반액 상당 지원됩니다.

☐ 大阪個人プラン 오사카 개인 플랜

大阪マリオット都ホテル ZK(ジーケー)のランチ 9,150円

오사카 마리옷 미야코호텔 ZK의 점심식사

☐ GOTOトラベルキャンペーン 고투 트래블 캠페인

ハルカス300하루카스(오사카에 소재하는 초고층빌딩명)(展望台전망대)

見学견학 5,970円

☐ おすすめリゾートプラン 추천 리조트 플랜

リラクゼーションの旅♪ ランチ&選べる体験教室in メナード青山リゾート6,790円

심신 릴렉스 여행♪ 점심식사&선택할 수 있는 체험교실 in 메나드 아오야마 리조트

☐ 大阪食いだおれプラン 오사카 마구 먹기 플랜

● お好み焼きプラン 오코노미야키 플랜 5,790円

● 中華 중화 · 飲茶ランチバイキング 얌차 런치 바이킹 6,260円

● 串カツ食べ放題 쿠시카츠 무제한 먹기 6,590円

● 焼肉プラン 야키니쿠 플랜 6,970円

☐ アクアイグニス「癒しの旅」ランチプラン 아쿠 아이그니스 '힐링여행'4,350円

☐ 鳥羽の離島プラン 도바의 이도 플랜

答志島 · 菅島 1泊2食 도시지마 · 스가지마 1박 2식

宿泊プラン 숙박 플랜 鳥羽から船で約15分~20分 도바에서 배로 약 15분~20분

☐ 菅島のおすすめ!! 스가시마의 추천

伊勢えび！닭새우! あわび！전복!

新鮮なお魚を堪能。신선한 생선을 만끽할 수 있습니다.

☐ 答志島のおすすめ!! 도시지마의 추천

10月~12月は脂の乗ったトロさわら

12월~12월은 기름기가 오른 토로사와라(삼치의 일종)

☐ 鳥羽 도바 ハクタカ水産 하쿠타카 수산 カキ食べ放題 굴 무제한 먹기 5,510円

☐ 的矢 마토야 いかだ壮 이카다장(민박집 이름) 山上 야마가미(민박집 이름) 7,030円

☐ 松阪 마쓰사카 松阪肉元祖 마쓰사카육 원조 和田金 와다킨 12,360円

☐ 的矢 마토야 旅館 여관 橘(다치바나) 7,180円

☐ わたかの 와타카노 風待ちの湯(가제마치노유) 福寿想(후쿠쥬소)

的矢かき会席(마토야가키 가이세키) 8,220円

☐ 鳥羽 도바 しんわ千季 신와센키 戸田家 도다케 7,260円

☐ 近畿日本鉄道株式会社 名古屋 · 三重版 긴키 일본철도주식회사 나고야 · 미에판

KINTETSU
近鉄電車で行く 魅惑の旅プラン
2020 12月号
名古屋・三重北版
名古屋～大阪をつなぐ
新型名阪特急 ひのとり
HINOTORI
GOTO トラベル キャンペーン
対象期間：2021年1月31日(日)出発分まで(当面)
ご旅行代金が
最大で半額相当
支援されます。
大阪個人プラン
おすすめリゾートプラン
大阪マリオット都ホテル
「ZK(ジーケー)」のランチ
ハルカス300(展望台)見学
ヘリポートツアー又はワンドリンク付
HARUKAS
ハルカス300(展望台)
ランチ&選べる体験教室
inメナード青山リゾート
ハーブクラフト
陶芸体験
コスメ体験
ウッドクラフト
大阪食いだおれプラン
お好み焼プラン
中華・飲茶ランチバイキング
串かつ食べ放題
焼肉プラン
アクアイグニス
「癒しの旅」ランチプラン
鳥羽の離島プラン
答志島・菅島
宿泊プラン
鳥羽から船で約15分～20分
菅島のおすすめ!! 伊勢えび!あわび! 新鮮なお魚を堪能。
伊勢湾の奇跡
答志島のおすすめ!! 10月～12月は脂の乗ったトロさわら
2021年3月31日(水)までの毎日
寿々波
八島
美さき
中村屋
まつむら
ニューうず潮

영어 학원

□ 英会話教室 영어회화교실 Ribbit×森の学習塾 숲속의 학습학원 Ribbit

□ 冬休み中の今がチャンス！동계방학 중인 지금이 찬스

人生の武器になる学力を習得しよう！인생의 무기가 될 학력을 습득하자!

冬期講習生募集中 동계 학습생 모집중

● 緑の多いクリーンな教室！초록이 많은 클린한 교실!

徹底したコロナ対策を実施しております。

철저한 코로나 대책을 실시하고 있습니다.

□ エジソンCLUB 에디슨 클럽 年中 연중~小学3年生 4세아~초등학교 3학년

● 算数の考え方を学ぶ知育講座です。산수 사고법을 배우는 지육 강좌입니다.

□ 英会話レッスン 영어 회화 렛슨 年中4歳児 4세아 ~小学6年生

● 4名までのグループレッスンです！ 4명 한정 그룹 렛슨입니다.

□ 映像型個別 授業小学4年生~高校生 영상형 개별 수업 초등학교 4학년~고교생

● 通い放題で通塾回数に制限なし！

무제한 이용으로 수업 참가 횟수에 제한 없음!

□ 英検対策講座 5級・4級・3級・準2級・2級 영어검정시험대책강좌

● 高い合格実績を誇るRibbitだからこそ自信をもっておススメできる講座です！

높은 합격 실적을 자랑하는 Ribbit이므로 자신을 가지고 추천할 수 있는 강좌입니다!

□ リスニング対策講座 리스닝 대책 강좌 中学2年生 중학생 2학년・3年生 3학년

● TOEICリスニング満点講師が聞き取れるようになるコツを教えます！

토익 리스닝 만점 강사가 청취할 수 있는 요령을 가르쳐 드립니다!

□ 自習スペース利用のみ小学4年生~高校生

자습 공간을 이용만 할 경우 초등학생~고교생

● Ribbitが提案する塾の新しい形 講座を取らずに自習スペースとしてのみご利用できます！(質問対応可能日あり)

Ribbit가 제안하는 학원의 새로운 형태 강좌를 듣지 않고 자습공간으로서만 이용하실 수 있습니다!(질문 대응 가능일 있음)

□ 長文対策講座 장문 대책 강좌 中学2年生 중학교 2학년 · 3年生 3학년

● 定期テストや入試に欠かせない長文を解くテクニックを教えます！

정기시험과 입시에 꼭 나오는 장문을 푸는 테크닉을 가르쳐 드립니다!

□ 英会話教室 영어회화교실 Ribbit×森の学習塾 숲속의 학습원 Ribbit

〒514－0008 三重県津市上浜町5町目153－8

미에현 쓰시 가미하마초 5쵸메

お問合せはこちら！ 문의는 이쪽으로! ☎059－229－2299

오케스트라 합주

□ 三重大学吹奏楽団 미에대학 오케스트라단

第65回定期演奏会 제65회 정기연주회

● 2021/3/6 SAT 開場 개장：16：30 開演 연주시작：17：00

● 三重県総合文化センター 三重県文化会館 大ホール

미에현 종합문화센터　미에현문화회관 대홀

□ 1部 1부 追憶 추억

劇音楽「エグモンド」より「序曲」/ベートーヴェン

극음악 '에그몬드'에서 '서곡' / 베토벤

陽はまた昇る / P. スパーク

태양은 다시 떠오는다 / P.스파크

吹奏楽のための「海の詩・風の詩」~東日本大震災の追憶・復興を願って~/松下倫士

오케스트라를 위한 「바다의 시 · 바람의 시」 ~ 동일본대지진의 추억 · 부흥을 염원하며 ~ 마쓰시타 도모히토

□ 2部 2부 希望 희망

明日へのファンファーレ/ロバート・W・スミス

내일을 향한 팡파레/로버트 · W · 스미스

未来へ響け/ 奥野和憲 미래를 향해 울려퍼져라 / 오쿠노 가즈노리

第六の幸福をもたらす宿/M・アーノルド

여섯번째의 행복을 가져다주는 여관 / M · 아놀드

We are the world/マイケル・ジャクソン、ライオネル・リッチー

위 아 더 월드/마이클 잭슨, 라이오넬 리치

☐ 入場料 입장료

一般 일반 : 500円 500엔 高校生以下 고교생 이하 : 300円

応援チケット 응원 티켓 : 1,000円(全席指定席 전석 지정석)

☐ ライブ配信 라이브 배신(통신사, 신문사, 방송국 등에 뉴스를 배송하는 것)

一般 일반 : 500円 500엔

応援チケット 응원 티켓 : 1,000円

☐ チケット販売所 티켓 판매소

三重大学吹奏楽ホームページ 미에대학 오케스트라단 홈페이지

☐ 指揮 지휘 : 福岡友也 후쿠오카 도모야 · 四谷真規氏 요쓰야 마키 씨

☐ 主催 주최 : 三重大学吹奏楽団 미에대학 오케스트라단

三重大学吹奏楽団
第65回定期演奏会
2021/3/6 SAT
開場 16:30
開演 17:00
三重県総合文化センター 三重県文化会館 大ホール
〈I部　追憶〉
劇音楽「エグモント」より「序曲」/ L.v.ベートーヴェン
陽はまた昇る / P.スパーク
吹奏楽のための「海の詩・風の詩」
～東日本大震災の追悼・復興を願って～ / 松下 倫士
〈II部　希望〉
明日へのファンファーレ / ロバート・W・スミス
未来に響け / 奥野 和憲
第六の幸福をもたらす宿 / M.アーノルド
We are the world / マイケル・ジャクソン、ライオネル・リッチー
指揮：福岡 友也・西谷 真規士・辻井 茉優
入場料
一般：500円　高校生以下：300円
応援チケット：1,000円（全席指定席）
ライブ配信
一般：500円
応援チケット：1,000円
※チケットぴあでのみ購入可能
※応援チケットは収益の一部を今後の運営資金に充てます。加えて部を日本赤十字社「東日本大震災義援金」に寄付させていただきます。
チケット販売所
重大学吹奏楽団ホームページ
ミュージックショップハマダ、第楽器 四日市店
近藤楽器、岩田楽器、谷楽器店、中村楽器、サワノ楽器
村井楽器、三重大学生協翠陵店
重県文化会館チケットカウンター
問合せ先
HPアドレス：https://www.miemusb.com
E-mail：musb@hotmail.co.jp
Facebook：facebook.com/miemusb
催：重大学吹奏楽団
後援：三重県教育委員会　津市教育委員会
三重県吹奏楽連盟　中日新聞社
東海学生吹奏楽連盟　三重大学吹奏楽団OB会

오토바이 구입

□ バイク売るならレッドバロン 바이크를 팔려면 렛바론

出張 引き上げ無料！ 출장- 들어올리는 것 무료!

- ダイレクト買取だから高額買取が可能！

  직접 매수이므로 고액매수가 가능합니다!

- 高い販売力と豊富なパーツストックで幅広い車種を買い取ります！

  높은 판매력과 풍부한 파트스톡으로 폭넓은 차종을 매수합니다!

- 買取代金は銀行翌営業日にスピーディにお振り込み！

  매수 대금은 은행 익영업일에 신속하게 송금해드립니다!

- ローン支払い中、転倒、不動車他社で購入したオートバイも大歓迎！

  할부 지불중, 전도, 부동차 타사에서 구입한 오토바이도 대환영!

□ レッドバロンで働きませんか 렛 바론에서 일하지 않겠습니까?

- 募集職種：営業・整備・整備士 候補 모집 직종: 영업 · 정비 · 정비사 후보

□ AUTOニュース 見て、さわってエンジン音を聞いてください!!

오토 뉴스- 보고, 만지며 엔진음을 들어보세요!!

- スズキ 스즈키 ¥1,595,000

- ヤマハ 야마하 ¥3,135,000

- カワサキ 가와사키 ¥1,397,000

国内向けモデル 新車納車整備料はレッドバロンが負担！

국내용 모델 신차 납차 정비료는 렛바론이 부담합니다!

□ 第３弾 200,000人 免許応援キャンペーン 제3탄 20만명 면허 응원 캠페인

新車 신차 中古車 중고차 外国車 외제차

逆輸入車を問わずキャンペーンを運用できるのはレッドバロンだけ‼

역 수입차를 불문하고 캠페인을 운용할 수 있는 것은 렛바론뿐!

免許取得費用の一部として3万円・2万円をサポートします！

면허 취득 비용의 일부로서 3만엔 · 2만엔을 지원합니다!

□ レッドバロンでオートバイをお買い上げのお客様を対象に200,000名様まで

렛 바론에서 오토바이를 구입하시는 고객님을 대상으로 20만명까지

□ 世界のオートバイを販売する レッドバロン三重中央店

세계의 오토바이를 판매하는 렛바론 미에중앙점

〒514－0104 津市栗真小川町字中沢829－4

쓰시 구리신오가와쵸 아자나카자와 829-4

☎059－236－4530

バイク売るなら
レッドバロン
出張引き上げ無料！
ダイレクト買取だから
高額買取が可能!
全国300余りの最寄り店から出張するので時間もコストもかけずにその分早く高く買い取ります。全国直営ネットワークにより全国規模の相場と幅広い需要を満たしつつ、無駄な中間コストを徹底的に省いた買取システム。それがレッドバロンならではの「ダイレクト買取」です。
買取代金は銀行翌営業日に
スピーディにお振り込み!
買取代金は最短で当日、現金にてお支払いします。遅くとも金融機関の翌営業日までにお振り込みしますのでお待たせすることはありません。
高い販売力と豊富なパーツストックで
幅広い車種を買い取ります!
レッドバロンの販売実績は業界No.1の年間9万台超！販売力と整備力、そして豊富なパーツストックがあるからこそ、古い年式のオートバイから珍しい外国車まであらゆる車種を買い取ることができます。
ローン支払い中、転倒、不動車
他社で購入したオートバイも大歓迎!
転倒車や不動車でも、パーツの確保や整備技術体制の維持をお約束する「修理保証」があるから買い取り可能。ローン支払い中のオートバイも大歓迎！
※商品にならない車両はお断りさせていただく場合があります
AUTO MOTOR SPORT ニュース
見て、さわって エンジン音 を聞いてください!!!
NEWモデルを体感しよう
¥1,595,000
¥3,135,000
¥1,848,000
¥1,397,000
¥1,375,000
¥2,640,000
¥1,375,000
¥896,500
¥950,000
¥268,000
¥2,827,000
¥548,900
¥1,100,000
¥654,500
¥798,000
国内向けモデル 新車納車整備料はレッドバロンが負担!
(仕様国) AU:オーストラリア CN:カナダ EU:ヨーロッパ UK:イギリス US:アメリカ CA:カリフォルニア MA:マレーシア CH:中国 TH:タイ SA:南アフリカ VN:ベトナム JP:日本
レッドバロンで働きませんか
募集職種：営業・整備・整備士候補
オートバイで誰かの役に立ちたい人
感謝される仕事に憧れている人
世界中のオートバイを売りたい人
店舗経営に挑戦したい人
好きな整備士を生涯続けていきたい人
より良い二輪業界をつくりたい人
未経験でも挑戦する熱意とパワーを持った人
当社の理念に共感していただける人
努力が評価される会社で働きたい人
一度きりの人生後悔したくない人
アルバイト応募はこちらへ直接ご連絡ください
世界のオートバイを販売する
レッドバロン 三重中央店
〒514-0104 津市栗真小川町字中沢829-4
営業時間 10:00～20:00
定休日 火曜日(祝日は営業)
059 236-4530
車検・点検・修理に技あり!
中部運輸局認証工場
P駐車場完備
第3弾 200,000人 免許応援キャンペーン
新車 中古車 外国車 逆輸入車 を問わずキャンペーンを適用できるのはレッドバロンだけ!!
免許取得費用の一部として3万円・2万円をサポートします!
①お申し込み
②オートバイを選ぶ
③免許取得
④オートバイをご購入
免許取得前でもOK!!
レッドバロンでオートバイをお買い上げのお客様を対象に200,000名様まで
※仕様変更などにより写真が一部実車と異なる場合があります。

온천장

□ GO TOトラベル ご予約は公式サイトがおすすめ

고투 트래블　예약은 공식 사이트가 추천

大江戸温泉物語「いいふろ会員」に入会しませんか？

오에도온천이야기 '좋은 목욕회원'에 입회하지 않겠습니까?

□ 南紀串本ホテル木曽路あわらにて開催！かに食べ放題！2021年2/28まで開催中!!

난키쿠시모토 호텔 기소지 아와라에서 개최! 게 무제한 먹기! 개최중!!

- 南紀串本 난키쿠시모토 1泊2食付 1박2식 5,804円
- ホテル木曽路 호텔 기소지 1泊2食バイキング 바이킹 7,234円
- 菅原温泉あわら스가와라온천 아와라 1泊2食バイキング 바이킹 5,804円

□ 本州最南端の絶景露天風呂と海鮮グルメバイキングを楽しむ温泉宿。

혼슈 최남단의 절경 노천목욕과 해산물 미식 바이킹을 즐기는 온천장

豪華海鮮グルメフェア 本まぐろなど10種の握り寿司!! 生本まぐろのお造りお造り5点盛り

호화 해산물 미식 페어 참다랑어 등 10종의 초밥!! 참다랑어 모듬회

□ お肌すべすべ 源泉100%ミルクの湯 豪快船盛を楽しむグレードアップバイキング

피부가 매끈매끈 원천 100%밀크탕 호쾌한 배모듬회를 즐기는 그레이드업 바이킹

- 絶品ローストビーフ 최상품 로스트 비프

- 生まぐろ 생참치
- ぶり 방어
- 甘エビ 단새우
- いか 오징어
- サーモン 연어
- お造り5種の豪快船盛!! 모듬회 5종의 호쾌한 배모듬회

□「関西の奥座敷」の名湯と料理が自慢のくつろぎの温泉宿

'간사이의 가족방'의 명탕과 요리가 자랑인 편히 쉴 수 있는 온천장

- 豪華 冬の海鮮を楽しむグレードアップバイキング

  호화 겨울의 해산물을 즐기는 그레이드업 바이킹

□ 新型コロナウイルス感染防止対策として、感症専門医の監修のもと業界ガイドラインに準拠した3密回避・除菌を徹底。安全・安心の取り組みを実施しております。

신형 코로나 바이러스 감염 방지 대책으로서 감염증 전문의의 감수하에 업계 가이드라인에 준거한 3밀 회피 · 제균 철저. 안전 · 안심 조치를 실시하고 있습니다.

□ 検温체온 검사

ご来館時の検温・問診、お部屋以外の館内でのマスクの着用をお願いしております。

내관하실 때 검온 및 문진, 방 이외의 관내에서의 마스크 착용을 부탁드리고 있습니다.

□ 定期的な除菌・換気を実施します。정기적인 제균 및 환기를 실시합니다.

□ レストラン・大浴場では混雑状況によりご利用時間をずらして頂くなどのご協力をお願いする場合がございます。

레스토랑 · 대욕탕에서는 혼잡 상황에 의해 이용 시간을 변경하시도록 부탁을 드리는 경우가 있습니다.

ゆうパックの おトクな割引
持込割引
郵便局・コンビニ※1などのゆうパック取扱所に
お持ち込みいただくと…
1個につき 120円の割引
+
同一あて先割引
※2※3※4
前回と同じあて先にお送りいただくと…
1個につき 60円の割引
1回目
2回目60円割引
または
複数口割引
※3※4
同じあて先に同時に2個以上お送りいただくと…
1個につき 60円の割引
60円割引
60円割引
60円割引
=
1個につき 最大180円の割引に!
※1:一部取り扱いのない店舗があります。また、コンビニでは切手で運賃・料金を支払うことはできません。なお、コンビニなどのゆうパック取扱所での提示額は、全て持込割引適用後の金額です。※2:差出日前1年以内に差し出された同一のあて先が記載されているゆうパックラベルの控えが必要です。また、「~同一あて先割引~」欄に使用済みの押印がされたゆうパックラベルの控えを使用して[同一あて先割引]の適用を受けることはできません。※3:[同一あて先割引]と[複数口割引]は同時に利用することはできません。また、運賃・料金を着払とするものは対象となりません。※4:[同一あて先割引]と[複数口割引]は、ゆうパックと重量ゆうパックとの組み合わせで利用することはできません。
ゆうパックで信書を送ることはできません(無封の添え状・送り状は同封できます。)。
〔お問い合わせ先〕
日本郵政グループ
＼ついでに買える、ついでに送れる／
レターパック
送る箱や封筒を探す手間なく、お買い物ついでにサクッと送れる。
ちょっとした小物や書類におすすめです。
追跡サービスが付いていて安心
「お手元まで」しっかりお届け
レターパックプラス
受領印あり 520円 (全国一律)
□サイズ:34cm×24.8cm
(A4ファイルサイズ)
□重量:4kg以内
□配達方法:対面でお届けし、
受領印または署名をいただきます。
「郵便受けまで」手軽にお届け
レターパックライト
受領印なし 370円 (全国一律)
□サイズ:34cm×24.8cm
(A4ファイルサイズ)
□厚さ:3cm以内 □重量:4kg以内
□配達方法:郵便受けへお届けします。
全国の郵便局のほか、コンビニなどの
郵便切手類販売所でお買い求めいただけます。
詳しくは、日本郵便株式会社Webサイトをご覧ください。
https://www.post.japanpost.jp/
郵便
検索
ご注意ください!
「レターパックなどで現金送れ」は全て詐欺です。レターパックやゆうパックなどで現金を送ることは郵便法違反です。

우체국 배송

□ ゆうパックのおトクな割引 우체국 배송의 이익이 되는 할인

● 持込割引 郵便局・コンビニなどのゆうパック取扱所にお持ち込みいただくと…

직접 물건을 들고 오면 할인됩니다. 우체국 · 편의점 등의 우체국 배송 취급소로 직접 가지고 오시면…

1個につき120円の割引 1개당 120엔 할인됩니다.

● 同一あて先割引 前回と同じあて先にお送りいただくと…1個につき60円の割引

동일한 배송처 할인 지난번과 동일한 배송처로 보내시면 1개당 60엔 할인

● 複数口割引 同じあて先に同時に2個以上お送りいただくと…

복수배송 할인- 동일한 배송처에 동시에 2개 이상 보내시면

1個につき60円の割引 1개당 60엔의 할인

● 1個につき最大180円の割引に！1개당 최대 180엔 할인으로!

□ ついでに買える、ついでに送れるレターパック

구입해서 동시에 보낼 수 있는 봉투 배송

送る箱や封筒を探す手間なく、お買い物ついでにサクッと送れる。

보낼 상자나 봉투를 찾는 수고 없이 쇼핑과 동시에 바로 보낼 수 있다.

ちょっとした小物や書類におすすめです。

소량의 소품이나 서류를 보내실 때 권장합니다.

□ 追跡サービスが付いていて安心 추적 시비스가 붙어 있어 안심

● 「お手元まで」しっかりお届け レターパックプラス 520円

'직접 받아보실 수 있도록' 바로 배달　봉투 배송+520엔

○ サイズ 사이즈 : 34cm×24.8cm(A4ファイルサイズ A4파일 사이즈)

○ 厚さ 두께 : 3cm 以内이내

○ 重量 중량 : 4kg以内 이내

○ 配達方法 배달 방법 : 郵便受けへお届けします。우편함에 넣어 드립니다.

● 全国の郵便局のほか、コンビニなどの郵便切手類販売所でお買い求めいただけます。

전국의 우체국 외, 편의점 등의 우편 우표류 판매소에서 구입하실 수 있습니다.

□ JP日本郵政グループ ご注意ください!「レターパックなどで現金送れ」はすべて詐欺です。レターパックやゆうパックなどで現金を送ることは郵便法違反です。

JP일본 우편행정 그룹 주의하세요! "봉투 배송으로 현금 보내줘"는 모두 사기입니다. 봉투 배송 등으로 현금을 보내는 것은 우편법 위반입니다.

의류 및 신발

□ しまむら 시마무라 全力祭 총력제

□ きっと見つかる、みんなワクワク♪ セール期間 11/27→12/1

틀림없이 찾을 수 있다, 모두 두근두근♪ 세일 기간 11/27→12/1

□ 本日より！ 금일부터 ブラックフライデーセール!! 블랙 프라이데이 세일!!

BLACK FRIDAY SALE

□ 期間限定 기간 한정 11/27(金)→12/1(火)

本体価格より レジにて 値下げ 30%OFF(お1人様 各4点限り)

본체 가격부터 금전등록기에서 가격 인하 30% OFF(고객 한 분 당 각 4점 한정)

● ふとんセット各種 本体3,290円+税 이불 세트 각종 본체 3.290엔+세금

掛けふとんと敷きふとんがセントでお得！

덮는 이불과 까는 이불이 세트로 이득!

□ 3足組で超お買得！ 3켤레 세트로 초이득!

□ ブランドソックス各種 브랜드 양말 각종 483円+税

□ キッズ 어린이 ブランドソックス各種 브랜드 양말 각종 623円

□ BLACK FRIDAYだからできる衝撃価格で各種アイテムをご用意しました。

블랙 프라이데이이기 때문에 가능한 충격 가격으로 각종 아이템을 준비했습니다.

BLACK FRIDAY SPECIAL PRICE 各本体 각 본체 900円+税

● バッグ各種 백 각종

- ニット編(あ)み軽量(けいりょう)ブーツ 편물 경량 부츠
- ふわふわで暖(あたた)かい ボアサンダル 푹신푹신하고 따뜻한 보아 샌들

□ おしゃれでかわいい！ 세련되고 귀엽다

- フード付(つき)バックフレア ジャケット 후드가 달린 백 플레어 자켓 2,700円(えん)
- ニットワンピース 편물 원피스 1,290円(えん)
- ジャンバースカート 잠바 스커트 1,290円(えん)
- ブルーオーバー 블루 오버＋スカートセット 스커트 세트 1,790円(えん)
- パジャマ 파자마 1,790円(えん)
- ルームウェア 룸 웨어 1,790円(えん)
- イージーパンツ 이지 바지 各種(かくしゅ) 1,290円(えん)
- アクセサリー各種(かくしゅ) 액세서리 각종 490円(えん)
- 財布(さいふ)各種(かくしゅ) 지갑 각종 1,790円(えん)
- トレーニングパンツ 트레이닝 바지1,290円(えん)

年に1度のお楽しみ！皆でお得に買おう！
ELPAS
靴 エルパス
セノパーク津SC内
靴 エルパス 津セノパーク店
三重県津市栗真小川町大門533-1
☎(059)231-7580
営業時間 AM10:00~PM8:00
LINE@
友だち登録でクーポンをプレゼント!
靴 エルパス 津セノパーク店
@991kywxw
「津市プレミアム付商品券」
どちらも使用できます!
BLACK
ブラックフライデー
FRIDAY
11/28土
~12/6日
バイヤー厳選!! イチオシ商品が勢揃い!
レディース
ボアブーツ
1,000円
(税込価格1,100円)
折り返して履ける
So Good
メンズ
3,500円を
特別価格 12/6まで
1,500円
(税込価格1,650円)
adidas
18.0~22.0cm
18.0~21.0cm
特別価格 12/6まで
2,000円
(税込価格2,200円)
So Good
メンズ
レディース
ダウン風サンダル
2,500円を
撥水性抜群
フリース素材
特別価格 12/6まで
1,000円
(税込価格1,100円)
メンズ
特別価格 12/6まで
1,500円
(税込価格1,650円)
adidas
22.0~25.0cm
23.0~24.5cm
特別価格 12/6まで
2,000円
(税込価格2,200円)

입시학원

□ 小 초등생1・2・3・4・5・6 中 중학생 1・2・3 高 고교생 1・2・3対象 대상

● 秀英の個別 指導 히데에이의 개별지도

秀英PAS 中学生 중학생 12/1(火)~2/28(日)

小学生 초등학생 12/1(火)~1/31(日)

冬期直前講習 受験対策も、テスト対策も、弱点克服も、お任せください!

동계 직전 강습 입시 대책도 시험 대책도 약점 극복도 모두 맡겨주세요!

80分×2時間 80분×2시간 諸経費・教材費も 제경비・교재비도 0円

□ 中1・2 중1・2 弱点教科復習&学年末テスト対策コース

약점 과목 복습 & 학년말 시험 대책 코스

□ 中3중3 公立入試対策コース 공립 입시 대책 코스

私立受験校別対策コース 사립 입시교별 대책 코스

□ 高1~3 共通テスト・国公立大2次コース 私立大一般選抜入試対策コース

공통시험・국공립대 2차 대책 코스 사립대 일반 선발 입시 대책 코스

□ 小 1~6 重要単元復習コース 중요 단원 복습 코스

□ 秀英の個別指導を 自宅で受講!! 通学にかかる移動時間・負担がゼロに。

히데에이의 개별 지도를 자택에서 수강!! 통학에 걸리는 이동시간・부담이 제로로

□ 秀英予備校 히데에이 예비교 050-5268-4999

● お問い合わせ 문의・お申込み 신청 HP＜24h OK＞

자동차 유지관리

☐ 透明感のあるKeePerのガラスコーティング

투명감이 있는 KeePer의 유리 코팅

- キーパーコーティングをかけると、新車や愛車が、ものすごくキレイになります。

  키퍼 코팅을 하면 신차나 애차가 매우 깨끗해집니다.

- 1層目のガラスが厚く強く守る。1층째의 유리가 두껍게 강하게 지킨다.
- 2層目のレジンが水シミから守る。

  2층째의 레진(자외선에 반응하여 경화되는 액체)이 물때로부터 지킨다.

☐ KeePer PRP SHOP キーパープロショップ 키퍼 프로숍

カーコーティング技術認定店 차 코팅 기술 인정점

☐ キーパープロショップとは 키퍼 프로 숍이란?

キーパー技研(株)が認定したコーティング技術級資格者が在籍し高品質なキーパーコーティングを施工する店舗として登録しています。

키퍼 기술연구소(주식회사)가 인정한 코팅 기술 1급 자격자가 근무하며 고품질의 키퍼 코팅을 시공하는 점포로서 등록되어 있습니다.

☐ キレイのピークへ。청결의 극치로. KeePer

- 透き通るガラス皮膜で1年に1回新車に戻る。新しいカーライフの形。

  투명한 유리 피막으로 1년에 1번 신차로 돌아온다. 새로운 카 라이프의 형태.

1年間洗車だけ、ノーメンテナンス 1년간 세차만, 노 메인테넌스

● 2倍の厚み、2倍の輝き。最上級の美しさを、特別なあなたに。

2배의 두께, 2배의 광채. 최상급의 아름다움을 특별한 당신에게.

3年間洗車だけ、ノーメンテナンス 3년간 세차만, 노 메인테넌스

● お車を、優しく丁寧に洗います。当店自慢の手洗い洗車

차를 공을 들이며 정성껏 씻습니다. 저희 점포가 자랑하는 손세차

□ いつもの洗車に、プラスで、もっと、すごくキレイになる方法

늘 하는 세차에 더해서 좀 더 굉장히 깨끗해지는 방법

● ミネラルオフ 미네랄 오프

一番いい洗車が、できました!! 洗車＋10分 新車またはコーティング時の水ハジキと艶が元に戻る。￥8,050~10,700

가장 좋은 세차가 가능해졌습니다!! 세차+10분 신차 또는 코팅시의 발수와 광택이 원래대로 돌아온다. ￥8,050~10,700

● ピュアキーパー 뷰어 키퍼

洗車で落ちない汚れもスパッと取れます。しつこい水垢にはピュアキーパー ￥6,700~9,900

세차로 지워지지 않는 오염도 바로 제거됩니다. 잘 지워지지 않는 물때에는 뷰어키퍼

□ 美しさを引き立て、気持ちよくお乗りいただくためのサイドメニュー

아름다움을 강조하고 기분 좋게 타실 수 있는 사이드 메뉴

● フッ素ガラスコーティング 불소 유리 코팅 ￥3,450~8,380

● ヘッドライトクリーン 헤드라이트 크리닝

&プロテクト 프로텍트 ￥5,090~8,170

● ホイルコーティング2 호일 코팅2 ￥9,880~13,200

CYCLE BASE asahi
鈴鹿店・津北店・津南店・松阪店・伊勢店 限定
2021年2月18日(木)まで
通学早割
キャンペーン
人気の通学仕様アルベルトが早期購入なら
アプリ
クーポン
ダウンロードで
6,000円
税込
OFF!!

자전거 대리점

□ 鈴鹿店・津北店・津南店・松阪店・伊勢店 限定 한정

2021年2月18日(木)まで

通学早割 통학 조기할인 キャンペーン 캠페인

人気の通学仕様アルベルトが早期購入なら

인기의 통학 사양 아르벨트 조기에 구입하면

6,000円(税込)OFF!! 6000엔(세금 포함) OFF!!

□ 通学にオススメの自転車 アルベルト ￥70,980~

통학용으로 추천하는 자전거 아르벨트

□ 早めの準備でお買い得！ 通学早割 対象の通学自転車が2000円OFF!!

빠른 준비로 이득! 통학 조기할인 대상 통학 자전거가 2천엔 OFF!!

アプリクーポン配信中 2021年 2月28日まで

애플리케이션 쿠폰 발신중

□ 全店開催キャンペーン 전점포 개최 캠페인

詳しくはこちら 자세한 사항은 이쪽으로

アプリクーポンダウンロードで ￥40,000以上のシティサイクルが 2,000円(税込)

애플리케이션 쿠폰 다운로드로 4만엔 이상의 시티 사이클이 2천엔(세금 포함) 할인

OFF!! さらに自転車処分料 540円(税込)が無料に！

또 자전거 처분료 540엔(세금포함)이 무료입니다!

□ 通学にオススメの自転車 통학용으로 추천하는 자전거

● トラッドライン 트랫라인 ￥45,980

● フェリーク 페리크 ￥52,980

□ 通学にも通勤にもオススメのクロスバイク

통학용으로도 출퇴근용으로도 추천하는 크로스 바이크

● オフィスプレス 오피스 프레스 トレッキング 트래킹 ￥34,980

● プレシジョン スポーツ 프레시죤 스포츠 ￥49,980

● オフィスプレス スポーツ 오피스 프레스 스포츠 ￥44,980

● ESCAPE R CITY ￥62,980

□ スポーツ通学にオススメのパーツ 스포츠 통학용으로 추천하는 파츠 スポーツサイクルバリューセット 스포츠 사이클 밸류 세트 ￥3,940

● サドルワイヤーリフレクト 서들 와이어 리플렉트 ￥980

コンパクトUSBテールライト 컴팩트 USB테일 라이트 ￥1,900

□ タイヤ・チューブ交換 キャンペーン 타이어·튜브 교환 ￥9,000

□ 電動クロスバイク 전동 크로스 바이크

これからの通勤を変える、次世代の電動アシストサイクル オフィスプレスーe￥129,000(税込)

이제부터 통근을 바꾸는 차세대 전동 어시스트 사이클 오피스 프레스e

□ サイクルベースあさひ 津北店 사이클베스 아사히 쓰기타점

TEL：059－233－5811

● 営業時間 영업시간：平日 평일 10：00~19：00 / 土日祝 10：00~20：00/

店休日 점포 휴일：12/30~1/1 駐車場 주차장：有り 있음

재활용 물품 수거

□ 不用品 쓰지 않는 물건 · 粗大ゴミ 가정용 대형 폐기물

お片付け代行 정리정돈 대행 · 買取 매수

- 回収 · 処分 · 片付け 無料でお見積り なんでも対応！

  회수 · 처분 · 정리정돈 무료로 견적 무엇이든 대응합니다!

- お家軒丸ごと整理 주택 1채 몽땅 정리
- 遺品整理 유품정리
- 大型家具の組立 대형가구의 조립 · 移動 이동
- ハウスクリーニング 하우스 클리닝
- 害虫のトラブル 해충의 트러블
- 水回りのトラブル 배수 관련 트러블

□ 町の便利屋 ECO CREW 急募 回収作業員募集！

동네의 심부름센터 ECO CREW 급구- 회수 작업원 모집!

□ 見積無料 即日対応(※ 予約状況による)0120－947－399

견적 무료 즉일 대응(※ 예약 상황에 따름)

□ 対応エリア 대응 구역

- 愛知エリア全域 아이치 지역 전역
- 三重エリア全域 미에 지역 전역
- 岐阜県エリア全域 기후현 지역 전역

□ 不用品 쓰지 않는 물건 回収 회수 · 買取！ 매수!

- 秘密厳守！ 即日対応！ 비밀엄수! 즉일대응!

(※ 予約状況による)(※ 예약 상황에 따름)

● 1点からでも、丸ごとでも！ 1점부터라도, 통째로라도!

□ 大型家具組立 대형가구 조립 · 移動 이동

● 忙しくて組み立てている時間がない！ 바빠서 조립할 시간이 없다!

● 模様替えしたいけど重たくて移できない！などご相談ください。

모양을 바꾸고 싶지만 무거워 이동할 수 없다! 등등 상담해주세요.

● お手伝い 도우미 1名 1명 4,000円~

□ 引越しゴミ 이삿짐 쓰레기 · 店舗整理 점포 정리

● お引越し＋梱包－買取 格安料金を実現！ 基本料金8,000円~＋車－物品

이사+포장-매수 저렴한 요금을 실현! 기본요금 8천엔~+차-물품

□ お家1軒丸ごと整理 詰め放題！！ 一般廃棄物業者提供

주택 1채 몽땅 정리 무제한 정리!! 일반폐기물업자 제공

● 大掛かりな沢山のゴミの片づけ！ 現場にて見積り

손이 많이 가는 다량의 쓰레기 정리정돈! 현장에서 견적

● 軽トラック 경트럭13,000円~ 1ｔトラック 1톤 트럭 18,000円

2ｔトラックなど 2톤 트럭 등 23,000円

□ 遺品整理 유품정리

● 故人の思い出の品を整理させていただきます。

고인의 추억어린 유품을 정성껏 정리해드립니다.

● 現場にて見積り 현장에서 견적 最格安に挑戦！ 최저렴한 가격에 도전!

□ 害虫 해충 · 害獣駆除 유해동물 박멸

● シロアリ・ハチ・ゴキブリ・ネズミ・イタチ・アライグマなど駆除(くじょ)いたします。흰개미 · 벌 · 바퀴벌레 · 쥐 · 족제비 · 아메리카 너구리 등을 박멸합니다.

● 基本料(きほんりょう) 기본요금 4,000円(えん)~ 丸(まる)ごと散布(さんぷ) 몽땅 살포 12,000円(えん)~

□ 水回(みずまわ)りのトラブル・悪臭(あくしゅう) ハウスクリーニング(エアコン)

물 관련 트러블 · 악취 하우스 크리닝(에어컨)

● 水回(みずまわ)り…排水口(はいすいこう)のつまり、トイレのつまり、悪臭(あくしゅう)その他(た) 基本料金(きほんりょうきん) 2,000円(えん) 물 관련…배수구 막힘, 화장실 막힘, 악취 그 외 기본요금 2천엔

● 台所(だいどころ)、フローリング、リフォーム、エアコンクリーニング 8,000円(えん)

부엌, 바닥재 청소, 리폼, 에어컨 청소 8천엔

□ うつくしい街(まち)づくりを 町(まち)の便利屋(べんりや)＜エコクルー＞

아름다운 동네 조성을- 동네의 심부름센터 '에코크루'

● ECO CREW 0120－947－399

東海支社(とうかいししゃ) 愛知県(あいちけん)あま市本郷花ノ木(しほんごうはなのき)90番地(ばんち) 大阪本社(おおさかほんしゃ) 大阪府東市(おおさかふひがしし)長田中(ながたなか)3－1－17

도카이 지사 아이치현 아마시 혼고하나노키 90번지 오사카 본사 오사카부 히가시시 나가타나카

● 万(まん)が一(いち)の事故(じこ)にも安心保険加入済(あんしんほけんかにゅうずみ)

만일의 사고에도- 안심 보험가입 완료

● 営業時間(えいぎょうじかん) 9：00~18：00 お問合(といあわ)せ(24時間受付(じかんうけつけ))

영업시간 문의(24시간 접수)

● 合見積(あいみつも)り歓迎(かんげい)!! 他社(たしゃ)の見積(みつも)り、ご用意(ようい)ください。

복수의 견적 환영!! 타사의 견적, 준비해주세요.

● 相乗(あいの)りサービス始(はじ)めました。카풀 서비스 시작했습니다.

秘密厳守！
即日対応！
(※予約状況による)
不用品 回収・買取！
1点からでも、
丸ごとでも！
大型家具組立・移動
忙しくて組み立てている時間がない！
模様替えしたいけど重たくて
移動できない！等ご相談ください。
お手伝い1名
4,000円～
引越しゴミ・店舗整理
お引越し＋梱包－買取
格安料金を実現！
基本料金 8,000円～
＋車－物品
お家1軒 丸ごと整理
詰め放題!!
〈一般廃棄物業者提供〉
大掛かりな沢山の
ゴミの片づけ！
現場にて
見積り
軽トラック 13,000円～
1tトラック 18,000円～
2tトラックなど 23,000円～
Before
After
遺品整理
現地にて見積り
故人の思い出の品を
丁寧に整理させて
いただきます。
最安値に
挑戦！
害虫・害獣駆除
シロアリ・ハチ・ゴキブリ
ネズミ・イタチ・アライグマなど
駆除いたします。
基本料 4,000円～
丸ごと散布 12,000円～
水廻りのトラブル・悪臭
ハウスクリーニング（エアコン）
水廻り…排水口のつまり、
トイレのつまり、悪臭その他
基本料金 2,000円
台所、フローリング、リフォーム
エアコンクリーニング
現地にて
見積りします
8,000円～
うつくしい街づくりを
街の便利屋〈エコクルー〉
ECO CREW
万が一の事故にも
安心保険加入済
フリーダイヤル 0120-947-399
◎営業時間 9:00～18:00
お問合せ(24時間受付)
東海支社 愛知県あま市本郷花ノ木90番地
大阪本社 大阪府東大阪市長田中3-1-17
古物商番号 622220164877号 遺品整理士 認定 第IS11264号／一般廃棄業者・産業廃棄物処理業者提携
合見積り歓迎!!
他社の見積り、ご用意ください。
合乗りサービス始めました！
割引クーポン
2,000円

저소득층 학생 지원

□ 第2回 제2회 三重フードパントリープロジェクト 미에 무료식사 제공 프로젝트

新型コロナウイルスによって生活が困窮してしまっている学生の皆様の生活を支援したいという思いで立ち上げたプロジェクトです。地域で余った食糧や、カンパでいただいた物資を無料で提供します。生活相談も行いますので、気軽に足をお運びください。学生以外の青年も配布させていただきます。

신형 코로나 바이러스에 의해 생활이 어려운 학생 여러분의 생활을 지원하고자 하는 생각으로 실천한 프로젝트입니다. 지역에서 남은 식량과 캠페인으로 받은 물자를 무료로 제공합니다. 생활상담도 하므로 부담없이 찾아오세요. 학생 이외의 청년도 배포합니다.

□ 12月13日(日) 14：30－16：00 町屋会館 마치야 회관

津市栗真町屋町７１４－1三重大学正門から伊勢街道を北上すると右手にあります。

쓰시 구리마마치야쵸 714-1 미에대학 정문에서 이세가도를 북상하면 우측에 있습니다.

● 生活がお困りの学生の皆さんに、食料品を無料で供します。

생활이 어려운 학생 여러분에게 식료품을 무료로 제공합니다.

● 新型コロナウイルスに関する生活実態アンケートのご協力よろしくお願いします。

신형 코로나 바이러스에 관한 생활실태 앙케이트 협조를 잘 부탁드립니다.

(国や自治体に皆さんの声をお届けします)

(국가나 자치단체에 여러분의 목소리를 전합니다)

● 生活相談も行っておりますので気軽にご相談ください。

생활상담도 하므로 부담없이 상담해주세요.

● 学生以外の青年も参加可能です。학생 이외의 청년도 참가 가능합니다.

□ 学生ボランティアスタッフ大募集‼ 학생 봉사스탭 대모집

下記メールのアドレスへご連絡いただくか、twitterのDMでも受け付けています。

아래의 메일 주소로 연락을 하시거나, 트위트의 DM으로도 접수하고 있습니다.

質問等を、気軽にご連絡ください。(担当、出口まで)

질문이 있으시면 부담없이 연락해주세요.

● 無償提供生活支援 무상제공 생활지원

● 日本民主青年同盟三重県委員会 일본 민주청년동맹 미에현 위원회

〒514-0003 三重県津市桜橋1－609 日本共産党三重県委員会

미에현 쓰시 사쿠라바시1-609 일본 공산당 미에현 위원회

TEL：059－227－7301 E-MAIL：mie.minsei@gmail.com

전기요금 안내

□ 一人暮らしからファミリーまで幅広いお客様に

1인 가구부터 가족까지 폭넓은 고객에게

東京電力エナジーパートナー スタンダードS/L/X

도쿄전력 에너지 파트너 스탠다드 S / L / X

□ 中部電力ミライズの従量電灯Bをご利用の方なら、電気代がおトクに！

츄부전력 미라이즈의 종량전등B를 이용하시는 분이라면 전기요금이 이득!

中部電力ミライズの従量電灯Bをご利用のお客さまなら、今よりも電気代がお安くなる中部電力エナジーパートナーのオリジナルプランです。ご使用量によって電力料金単価が3段階になる料金体系で、幅広いお客さまにご利用いただけます。

츄부전력 미라이즈의 종량 전등B를 이용하시는 고객님이라면 지금보다도 전기요금이 더 저렴해지는 츄부전력 에너지 파트너의 오리지널 플랜입니다. 사용량에 따라 전력요금 단가가 3단계가 되는 요금 체계로 폭넓은 고객님들께서 이용하실 수 있습니다.

□ スタンダードSでこんなに安くなる！스탠다드S로 이렇게 저렴해진다!

- 例えば2人家族の場合2,900円おトク！

  예를 들면 2인 가족의 경우 2,900엔 이득!

- 例えば4人家族の場合4,300円おトク！

  예를 들면 3인 가족의 경우 4,300엔 이득!

TEPCO 東京電力エナジーパートナー TEPCO 도쿄전력 에너지 파트너

□ お申込み・お問い合わせの際は「電気ご使用量のお知らせ(検針票)」

をお手元(てもと)にご用意(ようい)ください。

신청 및 문의시 '전기사용량의 통지(검침표)'를 소지해주세요.

● お問(と)い合(あ)わせ 문의 0120－995－333

受付時間(うけつけじかん)[平日(へいじつ)9：00~20：00][土(ど)・日(にち)・休祝日(きゅうしゅくじつ)]9：00~17：00

접수시간 [평일9:00~20:00] [토 · 일 · 축일]9:00~17:00

전단지 배포 구인

□ 配布員さん募集(請負業) 배부원 모집(청부업)

● 募集人数 모집인원

▶ 完全出来高制 완전 성과급제 · 2万~40万円

※ 個人差があります。개인차가 있습니다.

● 仕事内容 업무내용

▶ 決められた期間内に宣伝をポストに投函する、簡単なお仕事です。

정해진 기간 내에 선전광고를 포스트에 투함하는 간단한 업무입니다.

● 契約条件 계약조건

▶ 1ヶ月に2,000軒以上配 布可能な方 1개월에 2천 가구 이상 배부가 가능한 분

※ 携帯メールの送受信が可能な方 핸드폰 메일 송수신이 가능한 분

※ 半年以上の契約を継続できる方 반년 이상의 계약을 계속할 수 있는 분

※ 要普通免許(車持ち込み可能な方) 보통 면허 필요(자가용 활용이 가능한 분)

※ 未成年 · 学生不可 미성년자 및 학생 불가

□ 作業の流れ 작업의 흐름

メールで請負注文を入れて下さい 메일로 청부 주문을 보내주세요

当社から配達期間をお伝えします(約10日間)

당사에서 배달 기간을 알려드립니다

請負枚数を決めて下さい 청부 매수를 정해주세요

来社日時を決めて下さい 내사 일시를 정해주세요

来社(打ち合わせ約10分) 내사(사전상담 약 10분)

配布期間内に作業を完了して下さい 배포기간 내에 작업을 완료해주세요

続けて請け負う場合、①に戻ります。

계속해서 청부하는 경우 ①로 되돌아갑니다.

□ よくある質問 흔히 있는 질문

● 1ヶ月に2,000件の配布は誰でもできますか？

1개월에 2천건의 배부는 누구라도 할 수 있는가요?

誰でもできます。1時間当たり100軒は配布できるので、1日2時間作業なら10日間程で終わります。

누구라도 할 수 있습니다. 1시간당 100가구는 배부가 가능하므로 1일 2시간 작업이라면 열흘 정도로 끝낼 수 있습니다.

● 1軒投函するといくら稼げますか？ 1가구 투함하면 얼마 정도 버나요?

1軒のポストに投函すると(複数枚)平均3円~20円です。配布期間が短い仕事ほど、請負金額は高くなります。(選択可)

1가구 포스트에 투함하면 (복수 매) 평균 3엔~20엔입니다. 배포기간이 짧은 일일수록 청부 금액은 높아집니다.

● 移動費は(ガソリン代) 이동비는?(가솔린 비용)

請負業となりますので自己負担でお願いします。月平均3,000円程です。

청부업이므로 자기부담으로 부탁드립니다. 월평균 3천엔 정도입니다.

● 副業でも収入になりますか？ 부업으로도 수입이 되나요?

40名以上の方が副業で毎月10万以上、20万上なら毎月30名以上収入を得ています。

40명 이상의 분이 부업으로 매월 10만엔 이상, 20만엔 이상이라면 매월 30명 이상 수입을 올리고 있습니다.

● 広告は会社まで取りに行くのですか？

광고는 회사까지 받으러 가는가요?

作業内容の注意事項を説明しますので、ご来社いただきます。月に3回程ですが、収入が多くなる程、回数は増えます。

작업 내용의 주의사항을 설명하오니 내사를 부탁드립니다. 1달에 3회정도입니다만, 수입이 많아질수록 횟수는 늘어납니다.

● 子供と一緒に作業は可能ですか？ 자녀와 함께 작업은 가능한가요?

配布効率が悪くなるため、お勧めしません。

배포 효율이 나빠지므로 권장하지 않습니다.

● 売上の支払日は？ 매상의 지불일은 언제인가요?

末締め・翌月末払いです。お近くの営業所で現金支給します。

매달 말이나 익월말 지불입니다. 근처의 영업소에서 현금으로 지급합니다.

□ 求人専用ダイヤル구인 전용 전화번호 059－340－8840

受付時間접수시간： 10：00~17：00(定休日：土・日・祝)

津営業所：三重 県津市本町28－14 KATUYA327ビル３F

쓰영업소: 미에현 쓰시 혼마치 빌딩 3층

ポスブランド株式会社 포스브랜드 주식회사

전직 설명회

□ 転職合同企業説明会 マイナビ転職フェア

전직 합동기업설명회 마이나비 전직 페어

● 11.28(SAT) 津市アストプラザ アストホール 쓰시 아스토프라자 아스토홀

11：00~16：00【受付접수】10：00~15：30

□ 本チラシを持参の方限定!! 본 전단지를 지참하신 분 한정!!

ギフトカード 기프트 카드 500円分 5백엔 분 プレゼント 선물

□ プレゼント情報 선물 정보

事前登録&ブース訪問で ギフトカード 1,000円分プレゼント！

사전등록&부스 방문으로 기프트 카드 천엔 분 선물!

ブース訪問&来場者アンケート提出で ギフトカード 500円分プレゼント！

부스 방문&내장자 앙케이트 제출하시면 기프트 카드 5백엔 분 선물!

□ マイナビ転職フェアの歩き方 마이나비 전직 페어 찾아오시는 방법

本フェアでは「マイナビ転職アプリ」を使って、ブースの訪問や特典の引換をおこないます。

본 행사에서는 '마이나비 전직 애플리케이션'을 사용하여 부스 방문이나 특전 교환을 행합니다.

話を聞きたいブースを探す！ 이야기를 듣고 싶은 부스를 찾는다!

QRコードを読み着席！ QR코드를 읽고 착석한다!

気になることを企業に質問！ 궁금한 것을 기업에 실문한다!

訪問数に応じて特典をもらう！ 방문 숫자에 따라 특전을 받는다.

□ 来場にあたり、以下をご準備ください。설명회장 방문시 이하를 준비해주세요.

- マイナビ転職アプリのインストールはこちら

  마이나비 전직 애플리케이션 인스톨은 이쪽에서

- 会員登録 基本情報を登録いただき、ログインした状態でご来場いただくとスムーズに入場できます。

  회원등록- 기본정보를 등록하시고 로그인한 상태에서 내장하시면 자연스럽게 입장이 가능합니다.

□ マイナビ転職フェアは感染症対策を行っています。

마이나비 전직 행사는 감염증 대책을 실시하고 있습니다.

※ 詳細は公式ホームページをご確認ください。

상세하게는 공식 홈페이지를 확인해주세요.

전통요리

□ しげよし 시게요시 謹製 근제(정성을 담아 만듦) 2021年

特選五段重ことぶき 특선 5단 찬합 고토부키 28,200円 30個限定 30개 한정

縁起物や願いを込めた、海の幸・山の幸で新年を祝う伝統おせち

연기물(길조를 비는 물건)과 소원을 담은 해산물과 식물성 식재로 새해를 축하하는 전통 오세치(명절 때 먹는 조림 요리)

□ ご予約受付中 예약 접수중 料亭のおせち 요정 오세치

老舗料亭の料理人が一品一品に心を込めた元祖料亭おせち

노포 요정의 요리인이 일품일품에 정성을 담은 원조 요정 오세치

- お届け日 12月30日にご家までお届けいたします。

  배달일 12월 30일에 자택까지 배달해드립니다.

  ご注文方法は裏面をご覧ください。주문 방법은 뒷면을 봐주세요.

- 色々楽しめる50種類のお料理 다양하게 즐길 수 있는 50종류의 요리
- 老舗料亭源泉50種二段 七宝17,800円(税別)祝い箸 1 膳付

  노포 요정 겐센 50종 2단 찬합 칠보 17,800엔(세금 별도) 축하연 젓가락 한 벌

- 創業から変わらぬ定番の料理おせち 特選二段重 いわい 11,200円(税別)

  창업부터 변치 않은 스테디 요리 오세치 특선 2단 찬합 이와이

- ワインと楽しむ料亭セレクト重 扇9,900円 ワインにぴったり カジュアルな欧風おせち

  와인과 즐길 수 있는 요정 선택 찬합 오우기 와인에 딱 어울린다. 캐쥬얼한 유럽풍

- 特選三段重 특선 3단 찬합 ほまれ 호마레 21,000円(税別)
- 特選一段重 특선 1단 찬합 令和 레이와 7,900円(税別)

□ しげよしの新春限定おもてなし料理で佳き一年を。

시게요시의 신춘 한정 접대 요리로 복된 1년을 맞이하세요.

料亭の新春料理 요정의 신춘요리

- 迎春松華堂御膳 3,560円(税別) 영춘 송화당 밥상
- 迎春 かぐら 2,980円(税別) 영춘 가구라
- 迎春華むすび会席 4,200円(税別) 영춘 하나무스비 회식모임

● 迎春箱御膳会席 3,360円(税別) 영춘 찬합 회석모임

● 迎春六角御 膳 3,450円(税別) 영춘 6각 밥상

● 迎春野点御膳 4,600円(税別) 영춘 야외다회 밥상

□ お持ち帰り用 お寿司・お弁当・オードブル

테이크아웃용 스시 · 도시락 · 오르되브르(주요리 전에 내는 유럽식 전채)

※ バッグ以外の容器は回収させて頂きます。

백 이외의 용기는 회수합니다.

● 迎春 錦 영춘 니시키 3,780円(税別)

● 迎春お持ち帰り箱御膳会席 영춘 테이크아웃 찬합 밥상 회석 4,500円(税別)

● 迎春おもてなし箱御膳 영춘 접대 찬합 밥상 회석 6,000円(税別)

● 迎春オードブル 영춘 오르되브르 11,000円(税別)

● 迎春並盛合わせ 영춘 보통모둠 5,000円(税別)

● 迎春上盛合わせ 영춘 고급모둠 11,000円(税別)

□ しげよし 津総本店 시게요시 쓰총본점 〒514−0041

三重県津市八町2−2−6 미에현 쓰시 핫쵸

☎059−271−7603

● 各種カードご利用可能です。각종 카드 이용하실 수 있습니다.

● お料理のお届けは5,000円以上承ります。

요리 배달은 5천엔 이상 주문 받습니다.

● 配達時間 배달시간 10：00~19：00

仕出し割烹 しげよし
謹製
2021年
OSC-5 4〜5人前用
特選五段重
ことぶき
30個限定
28,200円(税別)
●19.5×19.5×4.3cm 5段 ●祝い箸1膳付
縁起物や願いを込めた、海の幸・山の幸で
新年を祝う伝統おせち
本からすみ
ご予約受付中
料亭のおせち
老舗料亭の料理人が一品一品に心を込めた元祖料亭おせち
お届け日 12月30日
にご家庭までお届けいたします
ご注文方法は裏面をご覧ください
色々楽しめる50種類のお料理
OSC-OD 3人前用
老舗料亭厳選50種二段
七宝(しっぽう)
17,800円(税別)
●25.7×25.7×5.3cm 2段
●祝い箸1膳付
70個限定
70個限定
OSC-2 2人前用
特選二段重 いわい
11,200円(税別)
●19.5×19.5×4.3cm 2段 ●祝い箸1膳付
創業から変わらぬ定番の料亭おせち
100個限定
OSC-W 2人前用
ワインと楽しむ
料亭セレクト重 扇(おうぎ)
9,900円(税別)
●25.6×19.5×7.9cm 1段
●祝い箸1膳付
ワインにぴったりカジュアルな欧風おせち
50個限定
OSC-3 3〜4人前用
特選三段重 ほまれ
21,000円(税別)
●19.5×19.5×4.3cm 3段 ●祝い箸1膳付
三世代のご家族にも人気の和洋中おせち
70個限定
OSC-1 1人前用
特選一段重
令和(れいわ)
7,900円(税別)
●16.7×16.7×6.6cm ●祝い箸1膳付
令和ならでは気軽に楽しむ一人用おせち
友達登録でクーポンGET!!
LINE
しげよしLINE
公式アカウント

제빵 및 케익

□ 11/27(金)・28(土)・29(日) キャラメル フェア 캬라멜 행사

(全店同時開催 전 점포 동시 개최)

□ 全店で販売 전 점포에서 판매

● 熟成キャラメルマドレーヌ 숙성 캬라멜 마드레누

丁寧に焼き上げたマドレーヌをさらに24時間かけて熟成しました。しっとりとした、コク深い甘さとほろ苦さが楽しめるキャラメル味のマドレーヌに仕上げました。1個￥194

정성껏 구워낸 마드레누를 더욱이 24시간 동안 숙성했습니다. 촉촉하고 진한 달콤함과 약간의 쓴맛을 즐길 수 있는 캬라멜맛의 마드레누로 완성했습니다. 1개 194엔

● 焦がしキャラメルロール

코가시 캬라멜 롤(쌀이나 보리 등을 넣어 가루로 빻아 만든 캬라멜 롤)

キャラメルクリームをキャラメルスポンジで巻き上げ、さらに表面にカソナードをふりかけ焼き上げたキャラメルの三重奏「焦がしキャラメルロール」。キャラメル好きにはたまらない逸品です。

￥1,620

캬라멜 크림을 캬라멜 스폰지로 말아 올린 다음 표면에 카소나드를 뿌려 구워낸 캬라멜 3중주 '코가시 캬라멜 롤'. 캬라멜을 좋아하시는 분에겐 참을 수 없는 일품입니다. 1,620엔

● スペシャルポイントデー 全店共通 ポイント2倍

스페셜 포인트데이 전 점포 공통 포인트 2배

● 全店で販売 期間限定 ショコラドール キャラメル

전 점포에서 판매 기간 한정 쇼코라 돌 캬라멜

キャラメルチョコレートと生クリームをブレンドした一マイルドで香り高い生チョコレートです。1箱(24個入り)￥1,404

캬라멜 초콜릿과 생크림을 브렌드한 마일드하고 향이 그윽한 생 초콜릿입니다.

● バスクチーズケーキ キャラメル 바스크 치즈 캬라멜

スペイン・バスク地方のサンセバスチャンで長年愛される黒いチーズケーキ「バスクチーズケーキ」をＴ２のオリジナルのキャラメル味に仕上げまし。1個 ￥454

스페인 바스크 지방의 산세바스찬에서 오랫동안 사랑받는 검은 치즈 케이크 '바스크 치즈 케이크'를 T2의 오리지널 캬라멜 맛으로 완성하였습니다.

● 焦がしキャラメール シュークリーム 코가시 캬라멜 슈크림

表面を焦がした香ばしいシュー皮にキャラメル風味のカスタードクリームをたっぷり詰めました。1個 ￥162

표면을 태운 향 그윽한 슈 표면에 캬라멜 풍미의 카스타드 크림을 듬뿍 넣었습니다. 1개 162엔

□ X'MAS CAKE COLLECTION 2020 クリスマスケーキ ご予約締め切り日12/20

크리스마스 케이크 콜렉션 2020　크리스마스 케이크 예약 마감일 12/20

● T2のクリスマスショコラ T2의 크리스마스 쇼콜라 5号 5호 ￥3,672

● T2のクリスマスケーキ＜生クリーム/ガナッシュクリーム＞ T2의 크리스마스 케이크 <생크리/가낫슈크림> 5号 5호￥3,672

● T2のドーム・ド・ノエル＜生クリーム/ガナッシュクリーム＞ T2의 돔 드 노엘 <생크림/가낫슈크림> 6号 6호￥4,536

● T2のブッシュ・ド・ノエル T2의 부쉬드 노엘 ￥3,780

● T2のクリスマスロールケーキ T2의 크리스마스 롤케이크 ￥1,620

□ T2の菓子工房(かしこうぼう) T2의 과자 공방

● 新型(しんがた)コロナウイルス感染拡大防止(かんせんかくだいぼうし)に向(む)けた取(と)り組(く)みのお知(し)らせ

신형 코로나 바이러스 감염 확대 방지를 위한 대책 안내

マスク着用(ちゃくよう) 마스크 착용 アルコール消毒(しょうどく) 알코올 소독

定期的(ていきてき)な換気(かんき) 정기적인 환기スタッフの検温(けんおん) 스탭의 검온

トレーでの金銭(きんせん)の受(う)け渡(わた)し 받침대에서 금전 주고 받기

□ 그밖의 주요 어휘

● キャラメル洋梨(ようなし)パンケーキ 캬라멜 서양배 빵케이크

● キャラメルパフェ 캬라멜파페

● キャラメルリンゴのT2パフェ 캬라멜 사과 T2파페

● ベリーベリー 베리 베리

● ベリーベリーチョコレート 베리베리 쵸콜릿

● フルーツガーデン 후르츠 가든 ● アルファベッド 알파벳

● アルファベッド チョコレート 알파벳 초콜릿

● ショコラローズ 쇼콜라로즈

● チョコレートケーキ 초콜릿 케이크

● コレクションケーキ生(なま)クリーム 콜렉션 케이크 생크림

● コレクションケーキガナッシュクリーム 콜렉션 케이크 가낫슈크림

● 生(なま)デコレーションケーキ 생 데코레이션 케이크

● アニバーサリー 애니버서리

● スペシャル 生(なま)デコレーションケーキ 스페셜 생 데코레이션 케이크

젤리

☐ 2018 SUMMER COLLECTION

☐ ローズジュエル 로즈 쥬엘 ROSE JEWEL

透き通るように美しいジュエルの中に愛らしい一輪のバラが咲きました。

투명하리만큼 아름다운 쥬엘 안에 사랑스런 한 다발의 장미가 피었습니다.

上品な甘さのジュエルと瑞々しい果実。3種類のおいしさをお召し上がりください。

고귀한 감미로움의 쥬엘과 싱그러운 과실. 3종류의 감미로운 맛을 드셔보세요.

● ブラッドオレンジ 브랫오렌지

● マンゴ 各1個 ￥300(税込￥324) 망고 각1개

☐ GRACE DEW FRUITS JELLY グレースデューフルーツゼリー

그레이스 듀 후르츠 쥬엘리 그레이스듀 후루츠 젤리

恵みのしずく コラーゲン食物繊維入り

은총의 물방울- 콜라겐 식물섬유가 들어감

果実生まれのペクチンゼリー"恵みのしずく"「グレースデュー」果実の豊潤な味わいは自然の恵み。その1粒1粒をしずくにたとえて、彩り美しく仕上げました。女性にうれしいコラーゲン・食物繊維入り。

과일로 만들어진 펙틴 젤리 "은총의 물방울" '그레이스듀' 과실이 풍부히 들어간 맛은 자연의 은총. 그 한 개 한 개를 물방울로 비유하여 아름다운 색채로 완성했습니다. 여성이 기뻐할 콜라겐 식물섬유 들어감

● メロン 멜론

- ラ・フランス 라 프랑스
- パイン 파인
- オレンジ 오렌지
- バナナ 바나나
- ピーチ 복숭아
- マスカット 머스캣
- ラズベリー 라즈베리
- クランベリー 크랜베리
- ブルーベリー 블루 베리
- いちご 딸기
- グレープフルーツ 그레이프 후루츠
- りんご 사과
- グレープ 그레이프
- マンゴー 망고
- レモン 레몬

□ プチギフト 작은 선물(petit gift)

あの人(ひと)に、私(わたし)に。リトルベア LITTLE BEARS

그 사람에게, 나에게. 리토르베아

可愛(かわい)らしいこぐま姿(すがた)のフルーツゼリー。귀여운 작은 곰 모습의 후루츠 젤리

- ピンク・ゴールド・ブルー クリアパック6個入(こいり) 各色(かくしょく) 税別(ぜいべつ)¥300

  핑크 콜드 블루 클리어 팩 6개입 각색 세금별도

□ PREMIUM 旬果(しゅんか) 恵(めぐ)みの宝珠(ほうじゅ) 프레미엄 제철 과일 은총의 보주

国産(こくさん)の果実(かじつ)を贅沢(ぜいたく)に使用(しよう)したフルーツゼリー。旬(しゅん)の6種(しゅ)の味(あじ)わいをお楽(たの)しみください。

국산 과일을 아낌없이 사용한 후르츠 젤리 제철의 6종의 맛을 즐겨주세요.

□ 6種(しゅ)のお味(あじ)のご紹介(しょうかい) 6종류 맛의 소개

- 長崎県産(ながさきけんさん) びわ 나가사키현산 비와
- 岡山県産(おかやまけんさん) マスカット・オブ・アレキサンドリア

  오카야마현산 머스캣 · 오브 · 알렉산드리아

- 山形県産 佐藤錦 야마가타현산 사토니시키
- 宮城県産マンゴー 미야기현산 망고
- 岡山県産 清水白桃 오카야마현산 시미즈백도
- 鳥取県産 ブルーゼリー 돗토리현산 후르츠젤리

24個入 税別 24개입 세금별도 ¥2,000

36個入 税別 36개입 세금별도 ¥3000

□ ROKUMEIKAN ロクメイカン ココリア多摩センター店 東京都多摩市落合

로쿠메이칸 코코리아 다마센타점 도쿄도 다마시 오치아이

1—46—11階 電話042—319—3215

주택 내진시공

□ 突然の地震… あなたの住まいは大丈夫？

갑작스런 지진… 당신의 주거공간은 괜찮으신가요?

□ 近鉄の耐震補強 긴테쓰의 내진 보강

- 21世紀は地震の活動期と言われるほど頻繁に起こる大きな地震。いつどこに起きてもおかしくない「大地震」に備え、ご自宅の耐震について日頃から考えておきませんか。

  21세기는 지진의 활동기라고 할 정도로 빈번히 발생하는 큰 지진. 언제 어디에서 발생하더라도 이상하지 않을 대지진에 대비하여 자택의 내진에 대해 평소부터 생각해 두지 않겠습니까?

□ 30年以内に起こると言われる地震の確率

30년 이내에 발생할 것으로 알려진 지진 확률

- 宮城沖 M7.0~7.5程度 90% 미야기오키 M7.0~7.5정도
- 青森県東方沖~房総沖の 海溝寄り M8.6~9.0程度 30%程度

  아오모리현 도호오키!보소오키의 해구 근방

- 茨城県沖 M7.0~7.5程度 80% 이바라기현오키
- 相模トラフ沿いの地震 M7程度 70%程度 사가미 해곡 지진
- 南海トラフの地震 M8~9クラス 70~80% 난카이 해곡 지진

□ 阪神淡路大震災以降に発生したマグニチュード6.0以上の地震と2018年大阪北部地震での被害状況 한신아와지대지진 이후에 발생한 지진규모 6.0이상의 지진과 2018년 오사카북부지진의 피해 상황

- 阪神淡路 大震災1995.1.17 M7.3 한신 아와지 대지진

- 鳥取県西部地震2000.10.6 M7.3 돗토리현 서부 지진
- 岩手・宮城 内陸地震 2008.6.14 M7.2 이와테・미야기내륙지진
- 東日本大震災2011.3.11 M9.0 히가시니혼대지진
- 熊本地震2016.4.14 M6.5 구마모토지진
- 大阪北部地震 오사카 북부지진 2018.6.18 M6.1 震源地から離れた奈良でも被害が発生！ 진원지에서 떨어진 나라에서도 피해가 발생!

※ 私たちの身近で、また記憶にも新しい「大阪北部地震」の際は壊れた屋根や外壁など住宅の修復工事数が急増し、工事着工までに数週間かかる事例も多数発生しました。

우리들의 일상에서 기억에도 새로운 '오사카북부지진' 때 무너진 지붕과 외벽 등 주택의 수복공사수가 급증하여 공사 착공까지 수주일 걸리는 사례도 다수 발생하였습니다.

□ そうなる前に まずは近鉄の耐震診断がおススメです。

사전에 우선은 긴테쓰의 내진 진단을 권장합니다.

- 当社の有資格者が診断します。저희 회사의 유자격자가 진단합니다.
- 屋内や床下・小屋裏、屋外を非破壊で調査します。

  옥내, 마룻바닥・다락방, 옥외를 비파괴의 방식으로 조사합니다.

- 地盤・基礎 지반・기초

  住まいの足元を総合的にチェックします。

  거주공간의 바닥을 종합적으로 체크합니다.

- 筋かい・壁の割合 크로스 브레이싱(건물 구조를 강화하기 위해 사용되는 대각선 지지대 시스템) 및 벽의 비율

  地震の揺れにどれだけ耐えられるかを診断します。

  지진의 흔들림에 어느 정도 견딜 수 있는지를 진단합니나.

● 建物の形・壁の配置バランス 건물의 형태 및 벽의 배치 밸런스

釣り合い良く壁が配置されているか診断します。

균형에 맞춰 벽이 배치되어 있는지 진단합니다.

● 老朽度 노후도

土台や柱の腐朽、白アリ被害などをチェックします。

토대나 기둥의 부후(부식과 노후), 흰개미 피해 등을 체크합니다.

□ 所要時間 소요시간 / 1時間程度 1시간 정도

● 診断費用 진단비용 30,000円(税別)

● 補強案作成 보강안 작성 20,000円(税別)

診断後に報告書を作成します。진단 후에 보고서를 작성합니다.

□ お住いの地域よりお得な制度がご利用できる場合がございます。

거주 지역에서 이득이 되는 제도를 이용하실 수 있는 경우가 있습니다.

● 耐震リフォームで 減税制度が受けられます。

내진 리폼으로 감세제도를 받을 수 있습니다.

● 地域により補助金制度が受けられる場合がございます。

지역에 따라 보조금 제도를 받을 수 있는 경우가 있습니다.

□ 耐震診断、耐震補強のご相談は近鉄のリフォームへまずはお電話ください。내진 진단, 내진 보강의 상담은 긴테쓰의 리폼으로 전화주세요.

近鉄のリフォーム NEWing ニューイング津 リフォームインフォメーション 긴테쓰의 리폼 NEWing 뉴잉쓰 리폼 인포메이션

フリーコール 무료전화 0120-923-119

주유소

□ タウンプラス 大好評！ EneKey お支払いカンタン＆スピーディー

타운플러스 대호평 Enekey 지불 간단&신속

● 2分で登録完了！ 他のクレジットカードでも約5分で登録完了

2분만에 등록완료! 다른 신용카드라도 약 5분만에 등록완료

□ EneKey 6つの特徴 6가지 특징

● お手持ちのクレジットカードで発行可能！

소지하신 신용카드로 발행 가능

● お支払いカンタン＆スピーディー 지불 간단 & 신속

● 携帯もラクラク キーホルダータイプ 휴대가 편리한 키홀더 타입

● 紛失・盗難補償付き 분실 및 도난 보상 보증

● 入会金・年会費無料 입회금 및 연회비 무료

● Ｔポイントがたまる！ T포인트가 쌓인다!

□ ただ今、新規申込で 粗品もれなくプレゼント！

바로 지금, 신규 신청으로 경품을 빠뜨리지 않고 선물합니다!

□ ＬＩＮＥお友だち追加でお得な情報配信中！こちらのＱＲコードから！

라인 친구 추가로 이득이 되는 정보 발신중! 이쪽의 QR코드에서!

□ (株)村上商店 セルフ津上浜 カーライフステーションＳＳ

(주식회사) 무라카미 상점 셀프 쓰가미하마 카라이프 스테이션SS

□ 三重県津市上浜町1－18－2 ☎059－228－5608

미에현 쓰시 가미하마쵸

□ お得なクーポン掲載！裏面をご覧ください！

이득이 되는 쿠폰 게재! 뒷면을 봐주세요!

□ 保存版 クレジットカード支払い限定！ 超特価クーポン

보존판 신용카드 지불 한정! 초특가 쿠폰

給油前にこのクーポンを必ずスタッフにご提示ください！

급유 전에 이 쿠폰을 반드시 스탭에게 제시해주세요!

● 3回目 ガソリン代・軽油 店頭価格より 5円/L引

3회째 유류비(가솔린 및 경유) 점두 가격보다 1리터당 5엔 할인

有効期間 2021年1月5日~1月31日まで ＜受付時間＞9：00~18：00

유효기간 2021년 1월 5일~1월 31일까지 <접수시간>

離れて暮らすお父さん、お母さんが心配じゃないですか？
中日新聞販売店による読者の安否確認サービス
み・まも〜る
あっ！新聞が残ってる！
ポストに残った新聞で異常を察知し、読者の安否を確認するサービスです。
1 配達スタッフが異常を察知すると
2 配達スタッフより販売店に連絡
3 訪問や電話などで確認
4 確認がとれない場合、登録された緊急連絡先へ連絡
安否を確認
このサービスを受けるには中日新聞を定期購読していることが必須となります。
中日新聞お客さまセンター
0120-45-4010
FAX 052-221-0446
こちらのハガキ裏面に必要事項を記入のうえ、郵便ポストに投函するか、右下のFAX番号へ送信してお申込みください。
キリトリ
料金受取人払郵便
名古屋中局承認
8845
差出有効期間 令和3年7月31日まで【切手不要】
4 6 0 8 7 9 0
430
名古屋市中区三の丸一丁目6番1号
中日新聞社販売局
中日新聞 お客さまセンター 行
0120-45-4010
「中日新聞 み・まも〜る」について
●このサービスは愛知県、岐阜県、三重県の中日新聞販売店が無料で行う読者サービスです。
●このサービスの登録手続きはいたって簡単！
サービスをご希望される方の氏名、住所・電話番号と緊急連絡先の方の氏名、住所、携帯電話番号、続柄をお知らせいただくだけです。
山折り
注意事項

주택 리모델링 회사 소개

□ 積水ハウスリフォームグループ 세키스이 하우스 리폼(리모델링) 그룹

□ 会社概要 積水ハウスオーナー専門のリフォーム会社です。

회사 개요 세키스이 하우스 오너 전문의 리폼 회사입니다.

● 社名 회사명：積水ハウスリフォーム東日本(株) 세키스이 하우스 리폼 히가시니혼(주)

積水ハウスリフォーム中日本(株) 세키스이 하우스 리폼 나카니혼(주)

積水ハウスリフォーム西日本(株) 세키스이 하우스 리폼 니시니혼(주)

● 資本金 자본금：1億円(各社) 1억엔(각사)

● 事業所 사업소：全国41拠点 전국 41거점

● 株主 주주：積水ハウス株式会社 세키스이 하우스 주식회사

● 事業内容：リフォームの企画・設計・施工・請負および管 理、樹木の育成および販売並びに造園工事の設計・施工並びに売買等

사업내용: 리모델링의 기획·설계·시공·청부 및 관리, 수목의 육성 및 판매, 조경공사의 설계·시공 및 판매 등

● 環境 CO2削減等の地球環境を考慮したエコリフォーム

환경- CO2삭감 등의 지구환경을 고려한 에코 리모델링

● 快適 生活変化に対応した最新性能を導入する快適リフォーム

쾌적- 생활변화에 대응한 최신 성능을 도입하는 쾌적 리모델링

● 生活向上リフォーム 独自技術を生かした純正の安心安全リフォーム

생활향상 리모델링 독자 기술을 살린 순정 안심 안전 리모델링

- 積水ハウスグループにおけるリフォーム事業全体の売上高5年連続国内1位

  세키스이 하우스그룹에 있어 리모델링 사업 전체의 매상고 5년 연속 국내1위

□ ダイバーシティの取り組み 多様な働き方とワーク・ライフ・バランスを推進し、サステナブルな価値創出を目指して 다양성의 실천-다양한 근무방식과 워크 라이프 밸런스를 추진하며 지속가능한 가치 창출을 지향하며

□ 女性 여성・様な人材の活用 다양한 인재의 활용

積水ハウスグループでは、従業員が企業とともに持続可能な成長を図っていける環境・職場づくりを目指しています。

세키스이 하우스 그룹에서는 종업원이 기업과 함께 지속가능한 성장을 도모해갈 수 있는 환경・직장 조성을 지향합니다.

□ 働き方改革 근무 방식 개혁

IT化による業務効率化を推進することで、外出先でも業務ができ、スピーディーで明快なプレゼンテーションが実現。お客様満足度の向上につながっています。

IT화에 따른 업무효율화를 추진하는 것으로 외출한 곳에서도 업무가 가능하며 신속하고 명쾌한 프레젠테이션이 실현. 고객 만족도의 향상으로 이어지고 있습니다.

- iPhone 아이폰・iPad全社員支給 아이패드 전사원 지급
- 在宅勤務(育児・介護) 재택근무(육아・간병)

□ スマートホリデイ 스마트 홀리데이

取得率100%を目標に、休暇取得、有給取得の推進に力を入れています。

취득율 100%를 목표로, 휴가취득, 유급휴가의 추진에 주력하고 있습니다.

- アニバーサリー 기념일
- 親孝行休暇 효도휴가
- 子ども休暇 자녀 휴가
- 自分磨き休暇 자기계발 휴가

- 家事休暇 가사 휴가
- ヘルスケア休暇 헬스케어 휴가
- 孫休暇 손자손녀 휴가
- ボランティア休暇 봉사활동 휴가

□ 育児支援・健康支援 安心していきいきと働くことができる環境・制度づくりをめざして 육아지원·건강지원 안심하고 활기차게 근무할 수 있는 환경·제도

積水ハウスグループでは、仕事と生活のバランスに大きな影響を与える出来事でもある、従業員の妊娠・出産・育児期の家庭・社会生活と仕事との両立を支援しています。また、仕事をがんばるためには社員の健康からという考えのもと、様々な制度も導入しています。

세키스이 하우스그룹에서는 업무와 생활의 밸런스에 큰 영향을 미칠 사건이기도 한 종업원의 임신, 출산, 육아기의 가정·사회생활과 업무와의 양립을 지원하고 있습니다. 또 업무에 매진하기 위해서는 사원의 건강부터라는 생각 하에 다양한 제도도 도입하고 있습니다.

- 女性育児休暇取得率100% 여성 육아휴가 취득율 100%

※ 昨年実績 작년 실적

- 短時間勤務制度 約7年間 ※ 小学校3年生まで利用可能

  단시간 근무제도 약7년간 초등학교 3학년까지 이용 가능

- イクメン休業 1カ月間 1取得必須 육아 및 자기계발 휴업 1개월간 1취득 필수
- 男性の出産休暇 1日 取得可 남성의 출산 휴가 1일 취득 가능
- 「仕事と育児の両立いきいきフォーラム」実施

  '업무와 육아의 양립 생생 포럼' 실시

- 不妊・ガン治療両立支援制度(週休3日制 申請可)

  불임·암치료 양립지원제도(주휴 3일제 신청 가능)

- インフルエンザワクチン接種費用負担 독감 백신 접종비용 부담
- ウォーキングチャレンジ実施 걷기 도전 실시

人と街の可能性を拓く。
近鉄不動産
近鉄のリフォーム×TOTO
近鉄のリフォーム相談会
Merry Christmas
TOTOキッチンイメージ写真
日時 12/5土
時間 10:00▶17:00
場所 TOTO津ショールーム
津市久居野村町420-10
無料駐車場完備
ご来場特典
ダブルプレゼント
マルチ充電ケーブル+のびーるモップ
マルチ充電ケーブル
のびーるモップ
TOTOショールーム
国道165号線
焼肉いとう
CoCo壱番屋
JA
陸上自衛隊久居駐屯地
高茶屋小森山1
井村屋
F1マート
高茶屋小森ランプ
TOTO水廻り4点を近鉄のリフォームだけの特別価格で取り揃えました!
4点まとめてリフォームするとさらにお得!価格は当日会場でお確かめください!
別途工事費が必要です
スクエアすべり台シンク
きれい除菌水
通常26%OFFのところ 30%OFF
クラッソ〈2550〉 72.4万円
ご成約の方に 食器洗い乾燥機
メーカー希望小売価格 1,034,800円(税別)
定価135,000円相当
通常57%OFFのところ 60%OFF
サザナ HTシリーズS〈1616〉 37.6万円
ご成約の方に 床ワイパー洗浄(きれい除菌水)
メーカー希望小売価格 941,950円(税別)
定価62,700円相当
通常31%OFFのところ 35%OFF
Fシリーズ〈75㎝〉 11.7万円
メーカー希望小売価格 180,000円(税別)
通常28%OFFのところ 30%OFF
GG1 16.7万円
メーカー希望小売価格 239,200円(税別)
排水管洗浄受付 施工地域:旧津市内限定
放っておくとこんな状態に…
工事内容
(屋内)キッチン・浴室・洗面化粧台・洗たく機
(屋外)各雑排水桝~最終桝まで
一戸建住宅が対象 一戸当たり
19,800円(税込)
実施日 12/19土 限定5組
ワンコイン 網戸張替え
ご自宅の網戸をお持ち頂ければその場で張替えいたします。
※ひと家族様4枚まで ※受付は14時まで
1枚 500円(税込)
新型コロナウイルス感染予防対策
ご来場のお客様へのお願い事項
ご来場の際はマスクの着用をお願いさせて頂きます。また、入口で検温と消毒のご協力をお願いいたします。スタッフはマスクを着用させて頂きます。
あらかじめご了承頂きますようお願いいたします。
予約制
水廻り商品の案内をご希望のお客様は事前に電話又はメールでご予約下さい。
お問い合わせ
近鉄のリフォーム NEWing
近鉄不動産株式会社
ニューイング 津
リフォームインフォメーション
0120-923-119
担当:山口
担当:安藤
担当:山本

중화요리

□ 日本をおいしく 餃子の王将 日頃の感謝を込めましてお知らせ&お得なクーポンをご用意しました。

일본을 맛있게. 만두의 왕장 평소의 감사를 담아 안내 & 이득이 되는 쿠폰을 준비했습니다.

□ 日替わりメニュー 第1位 販売数五目あんかけラーメン生姜たっぷり!!

매일 바뀌는 메뉴 제1위 판매수 고모쿠 안카케 라멘 생강 듬뿍!!

□ 12月・1月 限定販売 お得なセット!! 837円+税~

12월 · 1월 한정 판매 이득이 되는 세트!! 837엔+세금포함~

北海道産 小麦粉麺使用 637円+税 TAKE OUT お持ち帰りできます!!

홋가이도산 밀가루면 사용 637엔+세금포함 테이크 아웃 가지고 갈 수 있습니다!!

□ 只今実施中！ 2021年版ぎょうざ倶楽部 お客様感謝キャンペーン!!

지금 바로 실시중! 2021년판 만두 클럽 고객감사 캠페인!!

会員カード・限定グッズをもらおう!! スタンプ押印期限12/13日まで

회원카드 · 한정 상품을 받자!! 스탬프 날인 기한 12/13일까지

詳細は、店頭またはHP・スマホアプリでご確認ください。

상세하게는 점두 또는 핸드폰 · 스마트폰 애플리케이션으로 확인해주세요.

□ 生餃子のおすすめ！~生餃子のおすすめ5つの理由~

생만두의 추천! ~생만두를 추천하는 5가지 이유~

主要食材はすべて国産！ 주요식재는 모두 국산!

おうちで焼き立てジューシー 자택에서 갓 구워 쥬시함

あなた好みの焼き加減 당신이 선호하는 구이의 정도

待たずに買える！ 기다리지 않고 살 수 있다!

お土産にも大人気！ 선물로도 대인기!

- 焼き餃子(1人前6個)各 군만두(1인분 6개) 각 ￥220
- 麻婆豆腐 마파두부 ￥450
- ニラレバ炒め 부추와 간 볶음 ￥480
- 回鍋肉 후이궈러우 ￥480
- 鶏の唐揚 닭튀김 ￥500
- 酢豚 구로육(튀긴돼지고기에 새콤달콤한 소스를 뿌린 것)￥500
- 天津飯 덴신한 ￥440
- 餃子の王将ラーメン 만두왕장라멘 ￥490
- 醤油ラーメン 간장라멘 ￥490

채용정보

□ 三重のオシゴトなら！ アドサンアイ 津エリア 2020 11/29(日)発行

미에의 직업이라면! 아도산아이 쓰지역

□ 牛乳宅配の集金務 大内山牛乳 有限会社 タニ ☎059－268－5020

우유배달 수금 업무 오우치야마 우유 유한회사 다니

月収 월수입 1万円位 1만엔 정도 ~5万円位 5만엔 정도

□ 施設警備員募集(正社員)未経験者歓迎 株式会社 伊勢湾ガード

시설 경비원모집(정식사원) 미경험자 환영 주식회사 이세완가드

月給 월급 230,000円 ☎059－225－1341

□ 津市新斎場(いつくしみの杜)正社員募集 60歳以上の方も大歓迎！

쓰시 신사죠(자비의 신사나무) 정규직 모집 60세 이상의 분도 대환영!

有限会社 유한회사 ベルサポート 베르서포트 月給 월급 140,000円~160,000円

☎059－228－7125

□ 介護支援専門員お持ちの方急募!! 社会福祉法人 青松園

간병지원전문원 (자격증)소지하신 분 급구! 사회복지법인 세이쇼엔

月給 월급 230,000円~250,000円 ☎059－228－2661

□ 年末までの短期or長く安定して働く選べます！

연말까지의 단기 혹은 오래 안정적으로 일하는 것 선택할 수 있습니다!

月給 월급 20万円~ 逢坂屋精肉店 오사카야정육점 ☎059－228－3444

□ 9月にオープンしました！「ときの音色」職員追加募集中!!

9월에 오픈하였습니다! '시간의 음색' 직원 추가 모집중!

夜勤専属職員パートも同時募集中!! 正社員・月給25万円~+各種手当

야근 전속직원 파트도 동시 모집중!! 정사원 · 월급 25만엔~+각종 수당

☎059－252－8020

□ 津市久居アルスプラザ 運営スタッフ募集

쓰시 히사이 아르스프라자 운영스탭 모집

公共文化施設の受付・事務公演・イベントの運営補助

공공문화시설의 접수 · 사무공연 · 이벤트의 운영보조

時給 시급 950円~

株式会社 ケイミックスパブリックビジネス

주식회사 케이믹스 파블릭 비지니스

☎059－253－4161

□ くもんの先生になりませんか。구몬의 선생님이 되지 않겠습니까?

仕事 업무：公文式教室の指導・運営 구몬식 교실의 지도 및 운영

場所 장소：自宅もしくは貸会場など 자택 혹은 대여 회장 등

収入 수입：生徒数により異なります。학생 수에 따라 다릅니다.

各種援助制度あり 각종 원조 제도 있음

公文教育研究会 구몬교육연구회 津事務局 쓰사무국 0120－834－414

□ 令和2年7月~の新事業所です!! デイサービスOpen!!

레이와 2년 7월부터의 신사업소입니다!! 일일서비스 오픈!!

パート募集 파트 모집♪年齢不問 연령 불문

● 介護資の取得補助制度あり！

● 未経験者でも安心してご相談ください！

간병자격 취득보조제도 있음! 미경험자라도 안심하고 상담하세요!

● 職種 직종：看護師 간호사

● 業務内容：利用者のバイタル測定・身体のケア・見守り・排泄介助・入浴介助等

업무내용: 이용자의 바이탈(체온, 호흡, 맥박, 혈압 등) 측정 · 신체의 케어 · 관찰 · 배설 간병 · 입욕 간병 등

● 時給1,500円 시급 1,500엔

デイサービス るあな 株式会社OHANA ☎059－253－1265

일일 서비스 루아나 주식회사 오하나

철냄비 요리

□ 金目鯛釜飯 ふっくら肉厚、上品な旨み。際立つ風味をご自宅で。

빛금눈돔 가마메시 부드럽고 통통한 살, 고급스러운 맛. 특별한 풍미를 자택에서.

期間限定 기간 한정(数量限定 수량 한정)

□ 釜寅宅配御膳 おかげさまで東証 一部上場

가마토라 배달 식사- 덕택에 도쿄증권거래소 일부 상장

□ 期間限定 기간 한정

得々クーポン!!税込2,000円以上の注文で、記載店舗でのみご利用ただけます。

이득이 되는 쿠폰!! 세금 포함 2천엔 이상 주문하시면 기재된 점포에서만 이용하실 수 있습니다.

注文時にクーポンご利用の旨とクーポンコードをお申し付けください。

주문시에 쿠폰 이용하시는 취지와 쿠폰 코드를 신청해주세요.

※ 1回の注文につき1枚のご利用とさせていただきます。

1회의 주문에 1매만 이용할 수 있습니다.

※ 他のサービス券との併用はできません。다른 서비스권과의 병용은 불가합니다.

□ 金目鯛釜飯 期間限定 2018年7月16日(月・祝)まで(数量限定 수량 한정)

빛금눈돔 가마메시 기간 한정

脂の乗った金目鯛を、やさしい味わいの昆布醤油に漬け込み、ふっくらと炊き上げました。金目鯛の旨みを菜の花とともにお楽しみください。

기름기가 오른 빛금눈돔을 은은한 맛이 나는 다시마 간장에 절여 맛깔스럽게 구워냈습니다. 빛금눈돔의 맛을 유채꽃과 함께 즐겨주세요.

● 金目鯛釜飯 빛금눈돔 가마메시 1,590円＋税

金目鯛・菜の花・しいたけ・うずらの卵・銀杏・にんじん・ごぼう

빛금눈돔 · 유채식물 · 표고버섯 · 메추라기알 · 은행 · 당근 · 우엉

● 旨みがしみ込んだごはんに秘伝のおだしを注いで… 締めは金目鯛茶漬け

간이 들어간 밥에 비전의 오다시(우려낸 국물)을 부어서… 시메(수분을 제거한)빛금눈돔 차즈케(밥에 차를 부은 요리)

□ 傑作 うなぎ 걸작 우나기(장어)

「釜寅」自慢の絶品 うなぎをたっぷり盛り込んだ、旨み際立つ至福の釜飯

'가마토라'가 자랑하는 절품 장어를 듬뿍 넣은 맛이 특별한 지복의 가마메시

● 「釜寅」を代表する絶品釜飯。お茶漬けもまた格別。

'가마토라'를 대표하는 절품 가마메시. 오차즈케도 또한 각별.

釜寅名物 가마토라 명물 うなぎまぶし 우나기 마부시 1,890円＋税

● うなぎとごぼうの相性の良さにびっくり うなぎごぼう 1,600円＋税

장어와 우엉의 절묘한 궁합에 깜짝 놀라다- 장어우엉

うなぎ 장어・ちょい辛ごぼう 조금 매운 장어・ごま 참깨・ごぼう 우엉

● うなぎ好きにはたまらない！ボリューム満点の極旨釜飯

장어를 좋아하는 사람은 못 참는다! 볼륨 만점의 맛의 극치 가마메시

● 特盛1.5倍 うな寅 2,550円＋税 うなぎ特盛・ごぼう・ごま

초곱배기 1.5배 우나토라 장어 초곱배기 · 우엉 · 참깨

□ お米本来の旨みを堪能できる、まさに究極のご馳走。

쌀 본래의 맛을 즐길 수 있는 실로 구극의 진수성찬

これぞ、本当の贅沢!! 釜で炊いたご飯のおいしさに思わず唸る。

바로 이것이야, 진정한 사치!! 솥으로 지은 맛있는 밥에 자기도 모르게 신음하다.

● 焼き立て銀しゃり 갓지은 흰쌀밥 1,390円＋税

焼きたて銀しゃり・おかずセット(炭火焼鳥・明太子・きぬさや・ちょい辛ごぼう)

갓지은 흰쌀밥 · 반찬 세트(닭고기 숯불구이 · 명란 · 꼬투리 완두콩 · 조금 매운 우엉)

□ 定番 釜飯 기본 가마메시

際立つ素材の旨み。厳選した素材を贅沢に盛り込んだ、これぞ釜飯の醍醐味。

특별한 소재의 맛. 엄선한 소재를 사치스럽게 넣은 이게 바로 가마메시의 묘미(참맛)

● 脂の乗った鮭と、弾けるいくらの親子釜飯 1,490円＋税

기름기가 오른 연어와 터져나오는 레드 캐비아(붉은 연어알)의 오야코 가마메시

● 贅沢な旨みいっぱいの海の幸が見事に共演。海鮮五目釜飯 1,490円＋税

사치스런 맛이 가득 나는 해산물이 절묘하게 공연. 해산고모꾸 가마메시

● 炭火焼鳥釜飯 숯불 닭고기구이 가마메시 1,150円＋税

● 焼きさば 釜飯 구운 고등어 가마메시 1,290円＋税

● やわらかく旨みたっぷりの鶏肉はご飯の友。釜寅 自信作メニュー

부드러운 맛이 듬뿍 들어간 닭고기는 밥의 친구. 가마토라 자신작 메뉴

鶏釜飯1,350円＋税 鶏の照焼き・炭火焼鳥・鶏そぼろ・きぬさや・しいたけ・にんじん・錦糸玉子・ごぼう

닭고기 가마메시 1,350엔+세금 포함 닭의 데리야키 · 닭고기 숯불구이 · 도리소보로 · 완두 · 표고버섯 · 금사계란 · 우엉

□ 贅沢 釜飯 贅沢素材を存分に盛り込んだ、「釜寅」ならではの豪快な釜飯。

사치 가마메시- 사치스런 소재를 마음껏 넣은 '가마토라'만이 할 수 있는 호쾌한 가마메시

● ぎっしり入ったかにを、いくらと一緒に頬張る贅沢。

빽빽하게 들어간 게를, 철갑상어알과 함께 입안 가득히 먹을 수 있는 사치

釜寅 おすすめメニュー かにいくら釜飯 1,780円＋税 カニ・イクラ・ごぼう 가마토라 추천 메뉴 게철갑상어알 가마메시 게 · 철갑상어알 · 우엉

おすすめトッピング 추천 토핑 いくら 철갑상어알 200円＋税

● うなぎ・いくら・ホタテが入った、彩り豊かな贅沢「五目」

장어 · 철갑상어알 · 가리비가 들어간 색채 풍부한 사치 '고모꾸'

特選五目釜飯 특선 고모꾸가마메시 1,490円＋税

● 三宝釜飯 삼보가마메시 1,780円＋税

カニ・ウニ・イクラ・きぬさや・しいたけ・銀杏・にんじん・錦糸玉子・ごぼう 게 · 성게 · 철갑상어알 · 완두콩 · 표고버섯 · 은행 · 당근 · 면사계란 · 우엉

□ さっぱり釜飯 素材の旨みを存分に堪能できる上品な釜飯

삼빡한 가마메시- 소재의 맛을 마음껏 즐길 수 있는 양질의 가마메시

● 鯛の上品な旨みをそのままに。鯛茶漬けも至福の旨さ。鯛釜飯 1,390円 돔의 숭고한 맛을 그대로. 돔차즈케도 지복의 맛. 돔가마메시

● 旨みがつまった鶏肉と、シャキシャキ山菜の絶品コラボ とり山菜釜飯 1,150円 맛이 배인 닭고기와 사각사각한 산채의 절품 콜라보 닭 산채 가마메시

蒸し鶏・山菜・たけのこ・しめじ・きぬさや・しいたけ・にんじん・ごぼう 찜닭 · 산채 · 죽순 · 민가닥버섯 · 완두콩 · 표고버섯 · 당근 · 우엉

● ふんわりとやわらかく仕上げたあさりの美味しさが格別。あさり

釜飯 1,350円＋税

풍성하고 부드럽게 완성한 바지락의 맛이 각별. 바지락 가마메시

● ごま油が香るしらすに、トロトロ玉子をかける新感覚釜飯。しらす釜飯 1,150円＋税

참기름 향이 나는 뱅어에 풀어낸 계란을 얹은 신감각 가마메시. 뱅어 가마메시

● やわらかジューシーな蒸し鶏の美味しさ。明太とり釜飯 1,350円＋税

부드럽고 즙이 많이 나오는 찜닭의 맛. 알래스카 명태 닭 가마메시

□ 個性派 釜飯 新感覚の釜飯もご用意。想像以上の美味しさに、驚くこと間違いなし!!

개성파 가마메시 신감각의 가마메시도 준비했습니다. 상상 이상의 맛에 틀림없이 놀랄 것입니다.

● 具だくさんでボリューム満点。甘辛味でご飯もすすむ。牛すき釜飯 1,390円＋税 건더기가 듬뿍 들어간 볼륨 만점. 맵고 단 맛으로 밥도 많이 먹는다. 소고기스키야키 가마메시

● とろけるような柔らかい豚肉が絶品。豚角煮釜飯 1,390円＋税

녹아드는 느낌의 부드러운 돈육이 절품. 돼지가쿠니(찐 돼지고기 요리)

● 玉子のとろり感が絶妙。계란의 녹아드는 맛이 절묘.

お茶漬けもオススメ。오차즈케도 추천합니다.

豚キムチ釜飯 돼지김치 가마메시 1,390円＋税

□ 釜寅 橋本店 0570－095－128 가마토라 하시모토점

● ご注文は税込1,500円以上で承ります。

주문은 세금포함 1,500엔 이상 받습니다.

表示価格はすべて税抜です。표시 가격은 모두 세금 별도입니다.

체인형 편의점

☐ ミニストップ橋本東店から感謝の気持ちを込めて！

미니스톱 하시모토 아즈마점에서 감사를 기분을 담아!

☐ 当店限定 通常価格(税込)から20円引きセール

본 점포 한정 통상가격(세금포함)에서 20엔 할인 세일

● セール期間 세일 기간 10/12(金)~10/25(金)

店内加工 점내 가공 手づくりおにぎり 수제 주먹밥

※ 時間帯により販売していない場合がございます。

시간대에 따라 판매하지 않은 경우도 있습니다.

☐ さらにリッチな、コクと口どけ。コクと甘みのこだわり卵！

또 풍부한 진한 맛과 입안에서 살살 녹는 맛. 진한 맛과 달콤함을 고집하는 계란!

エグロワイヤル使用

고급 계란(에그 로와이열) 사용

なめらかプリンパフェ 미끌미끌 푸링 파르페 ￥330(税込)

☐ 橋本東店 〒252-0144 神奈川県相模原市緑区東橋本2-19-7

하시모토 히가시점 가나가와현 사가미하라시 미도리구 히가시하시모토

TEL.042-772-3825

☐ 一緒に働く仲間募集中！ご応募受付センター

함께 일하는 동료 모집중! 응모 접수 센터

TEL.0120－205－253(10：00~19：00)

☐ ご愛顧感謝クーポン！ ＜クーポン期間＞10/12(金)~10/25(木)

성원 감사 쿠폰! <쿠폰 유효기간>

● ホットコーヒー 핫커피(Sサイズ S사이즈)￥100 50円引き

● ソフトクリームバニラ(コーン) 소프트크림 바닐라(콘)￥120 100円引き 100엔 할인

● クランキーチキン うま塩味 ￥98円 100円引き

크랑키 치킨- 달고 짠맛

☐ 予告‼カカオで深まる、濃厚ショコラ。カップに入った状態で提供いたします。

예고!! 카카오로 깊어지는 농후 쇼콜라(초콜릿) 컵에 들어간 상태로 제공합니다.

フォンダンショコラ ￥330 ソフトクリームバニラ＋ショコラ あたたかい

폰단 쇼콜라 330엔 소프트크림 바닐라+쇼콜라 따뜻하다

☐ WAON POINTでオトクなお買い物！ミニストップでもつかえます！

와온 포인트로 이익이 되는 쇼핑! 미니스톱에서도 사용할 수 있어요!

● 現金のお買い物でたまる！ 현금 쇼핑으로 쌓인다!

● 決済スムーズ！会員登録でさらにオトク！

결제가 순조로움! 회원등록으로 또 이득!

● クレジット払いならポイント2倍！신용카드 결제라면 포인트 2배!

イオングループ内店舗でのご利用で200円＝2ときめきポイント

이온 그룹 내 점포에서 이용하시면 200엔=2두근거림 포인트

○ 入会金・年会費無料 ○ 発行手数料 300円 ○ 年会費無料

입회금 및 연회비 무료 발행수수료 300엔 연회비 무료

출장 감정

□ まるっと買取鑑定会 まごころ査定いたします。

몽땅 매입 감정행사- 진심을 담아 감정해드립니다.

● 新装オープン 신장개업 キャンペーン 캠페인

買取金額20%UP！ 매입 금액 20% UP!

● 2日間開催 이틀간 개최 11/29(日)・30(月) 津渋見店 쓰시부미점

□ プラチナ 백금 24金IG 24금 IG 7,000円/ g

今が売りどき!! 지금이 팔 시기!!

● メープル金貨・ウィーン金貨

캐나다 정부 발행 금화 · 오스트리아 조폐국 발행 금화

全サイズ買取ＯＫ 전 사이즈 매입 ok

● ダイヤモンド 다이아몬드 · 宝石もＯＫ！ 보석도 ok!

● 切れたチェーン ネックレス 끊어진 체인 목걸이

● インゴット買取 주괴(순도가 높은 금괴) 매입 · 相談受付中！ 상담 접수중

● 記念金貨すべてＯＫ 기념금화 모두 ok

● 金杯 황금배 · 銀杯ＯＫ 은배ok

● 純金置物ＯＫ 순금 받침대 ok

● 金縁メガネ 금테 안경 · 金歯ＯＫ 금니 ok

□ 鑑定会に来られない方はすぐにお電話

감정회에 못 오시는 분은 바로 전화주세요!

- 女性でも安心！店舗・コールセンターにて受付中！

  여성이라도 안심! 점포 및 콜 센터에서 접수중!

- お気軽にご相談ください。부담없이 상담하세요.
- テレビCMでおなじみ 出張買取 텔레비전 광고로 익숙한 출장 매입
- コロナ第３波 警戒中!! 코로나 바이러스 3단계 경계중!!
- 安心の予約制 안심할 수 있는 예약제
- ￥０完全無料 0엔 완전 무료
- 最短30分 최단 30분
- 部屋の片づけ 방의 정리
- 実家の大掃除 자택의 대청소
- 生前の遺品整 理 생전의 유품정리
- １点からでも伺います!! 1점이라도 찾아 뵙겠습니다!!
- 玄関先で対応いたします 현관 앞에서도 대응합니다! (감정해드립니다!)
- ０１２０-１７-９６９６ いいな くくる 이이나 쿠쿠루

□ 新型コロナウイルス対策実施店 신형 코로나바이러스 대책 실시점

□ 기타 주요 어휘

- ブランド品 브랜드품
- ダイヤモンド 다이아몬드
- 日本切手 일본 우표
- 外国切手 외국우표
- 着物・古着 기모노 및 전통옷
- ブランド腕時計 브랜드 손목시계
- 切手 우표
- プレミア切手 프레미엄 우표
- 古銭・メダル 옛날 동전 및 메달
- 古いカメラレンズ 오래된 카메라렌즈

- ブランデーウィスキー 브랜디 위스키(백포도주 증류 위스키)
- レコード 레코드
- 古(ふる)いカバン 오래된 가방
- 帯(おび) 오비 · 和小物(わこもの) 기모노 입을 때 필요한 소품
- 金券(きんけん) · 株主優待券(かぶぬしゆうたいけん) 금권 및 주주 우대권
- 贈答品(ぞうとうひん) 선물
- 楽器(がっき) 악기
- 懐(なつ)かしのおもちゃ 옛날 완구
- テレホンカード 텔레폰카드
- 鉄瓶(てつびん) 철병 · 銀瓶(ぎんびん) 은병
- 茶碗(ちゃわん) 찻사발 · 陶磁器(とうじき) 도자기
- 花瓶(かびん) 꽃병
- 置物(おきもの) 받침대 · 骨董品(こっとうひん) 골동품
- 刀剣(とうけん) 도검 · 鎧(よろい) 갑옷
- 勲章(くんしょう) 훈장 · バッジ 뱃지
- 掛(か)け軸(じく) 그림족자 · 浮世絵(うきよえ) 우키요에
- 絵画(かいが) 회화 · 版画(はんが) 판화
- 和器(わき) 전통악기
- 仏像(ぶつぞう) 불상
- 仏具(ぶつぐ) 불교용품 · おりん 음구
- 書道具(しょどうぐ) 서예도구
- ノーブランドバッグ 노브랜드백
- メッキアクセサリー 도금한 액세서리
- 箱入(はこい)りギフト 상자딸린 선물
- 電池(でんち)の切(き)れた腕時計(うでどけい) 전지가 끊어진 손목시계
- 使(つか)っていないガラケースマホ 사용하지 않는 가라파고스 핸드폰(통화나 메일 기능을 중심으로한 단말기) · タブレット 타블렛
- 屏風(びょうぶ) 병풍
- 火鉢(ひばち) 화로
- 象牙(ぞうげ) 상아
- 囲碁(いご) 바둑판 · 将棋(しょうぎ) 장기판
- 万年筆(まんねんひつ) 만년필
- 鉄道模型(てつどうもけい) 철도모형
- ライター 라이터
- 香水(こうすい) 향수

카레라이스

□ ココイチ！宅配カレー弁当 期間限定2018年12月1日~2019年2月末まで

코코이치! 배달 카레도시락 기간 한정

□ 柔らかな食感のヒレ肉をサクサクの衣で仕上げました。

부드러운 식감의 소 안심육을 사각사각거리는 튀김옷으로 완성했습니다.

- 手仕込豚(とん)ヒレ勝つカレー 973円(税込1,050円)

  데지코미부타(돈육) 안심카쓰카레

- ベジタブルスープカレー 채소스프카레 974円(1,051円)

  動物由来の原材料を使用していないカレーです。

  동물 유래의 원재료를 사용하지 않은 카레입니다.

- 冬はスープとローストチキンスープカレー 974円(1,051円)

  겨울은 스프와 로스트치킨 스프카레

□ 衣はサクサク中はジューシー カキフライカレー 905円

튀김옷은 사각사각, 안은 쥬시 굴튀김카레

期間限定 2019年2月末まで 販売期間内でも食材がなくなり次第終了いたします。

기간 한정- 판매 기간 내라도 식재가 없어지는 대로 종료합니다.

□ オススメトッピング 半熟タマゴ タルタルソース114円

추천 토핑 반숙 계란 타르타르소스

□ もっちり 包みカレーナン 186円 冷凍販売もできます。

말랑말랑 쓰쓰미카레난 냉동판매도 가능합니다.

□ 濃厚バニラアイスクリーム 농후 바닐라 아이스크림 239円

□ カレーメニューを選ぶ！基本はポークソースです。お好みでビーフソースに変更できます。

카레 메뉴를 선택한다! 기본은 포크 소스입니다. 희망하시면 비프 소스로 변경이 가능합니다.

□ 基本のカレー 기본카레

- ポークカレー 포크카레(돼지고기 카레) 544円
- ビーフカツカレー 비프카쓰카레 877円
- 豚しゃぶカレー 돼지샤브샤브카레 783円
- ほうれん草カレー 시금치카레 753円
- スクランブルエッグカレー 스크램블에그카레 687円
- 海の幸カレー 해산물카레 821円

□ ビーフソースカレー 비프소스카레

- ビーフカレー 비프카레 678円
- チーズインハンバーグカレー 치즈인햄버그카레 829円
- ソーセージカレー 소시지카레 813円
- トマトアスパラカレー 토마토아스파라가스카레 735円
- 納豆カレー 낫토카레 687円
- えびあさりカレー 새우바지락카레 725円

□ ハッシュドビーフソース使用カレー 해쉬드비프소스 전용 카레

- ハッシュドビーフ 해쉬드비프 678円
- メンチカツカレー 멘치카쓰카레 783円

- ハンバーグカレー 햄버그카레 783円
- なすカレー 가지카레 687円
- イカカレー 오징어카레 735円
- エビにこみカレー735円 에비니코미카레(삶은 새우가 들어간 카레)

□ 芳醇ソース使用カレー 향기롭고 맛이 좋은 소스를 사용한 카레

- ロースカツカレー 로스카쓰카레 813円
- フライドチキンカレー 프라이드치킨카레 764円
- クリームコロッケカレー 크림 코로케카레(カニ入り 게가 들어감)735円
- たっぷりあさりカレー 바지락이 듬뿍 들어간 카레 715円
- チキンカレー 치킨카레 813円
- チキンにこみカレー 삶은 닭고기가 들어간 카레 764円
- きのこカレー 버섯카레 735円
- フィッシュフライカレー 생선프라이카레 687円
- バリバリチキンカレー 바리바라치킨카레 813円
- やさいカレー 야채카레 753円
- チーズカレー 치즈카레 754円
- エビカツカレー 새우카쓰카레 944円

□ ココイチならミックスでさらにおいしく!! 코코이치라면 믹스로 더욱 맛있게!!

- 豚しゃぶカレー プラス ほうれん草 돼지샤브샤브카레+시금치 992円
- エビカツカレー プラス トマトアスパラ 새우카쓰카레+토마토 아스파라거스 1,135円

● ロースカツカレー プラス やさい 로스카쓰카레 + 야채 1,022円

□ ココイチの宅配ならクレジットカード決済がお得‼ポイントが貯まる！

코코이치 배달이라면 신용카드 결재가 이득! 포인트가 쌓인다!

※ 一部店舗ではクレジットカード決済をご利用いただけない場もございます。

일부 점포에서는 신용카드 결제를 이용하실 수 없는 경우도 있습니다.

□ COCO壱番屋 코코이치반야 JR橋本駅北口店 JR하시모토역 북쪽 출입구점

TEL042－775－5519

〒相模原市 緑区橋本三丁目29番9号(受付時間11：00~22：00)

사가미하라시 미도리구 하시모토 산쵸메 29번 9호(접수 시간 11:00~22:00)

컴퓨터 · 입시학원

□ 最先端のラーニングシステム TSU予備校オリジナル

최첨단의 러닝시스템　쓰 예비교 오리지널

AIコース×サポートコース＝最短で圧倒的な成績アップ！

인공지능코스×서포트 코스=최단으로 압도적인 성적 향상!

□ AIコースの特長 AI코스의 특징

2日間(90分×2回)体験できます！ 이틀간(90분×2회) 체험 가능합니다.

● 特長① 問題を解くごとにカリキュラム変更 最適学習

특징① 문제를 풀 때마다 커리큘럼 변경 최적 학습

● 特長② 苦手な単元のみを学習します。時短学習

특징② 어려워하는 단원만을 학습합니다. 속성학습

● 特長③ つまずきの原因まで遡ります。公立学習

특징③ 걸림돌의 원인까지 거슬러 올라갑니다. 공립학습

□ サポートコースの特長 2週間体験できます！TSU予備校オリジナル

서포트 코스의 특징 2주간 체험 가능합니다! 쓰 예비교 오리지널

● 特長① 月~土18：00~22：00に毎日通うことができ、ほぼ全教科の質問ができるので、すぐにわからないところが解決できる！

득징① 월~토 18:00~22:00에 매일 다닐 수 있으며 거의 전과목의 질문이 가능하므로 모르는 부분을 바로 해결할 수 있다.

● 特長② AIコースやライフ授業のフォローができるので、より手厚いサポートが可能！

특징② AI코스와 라이프 수업의 팔로워가 가능하므로 보다 두터운 서포트가 가능!

□ わかったつもり・できるようになったつもりという状況が生じないのです！ 완벽하게 이해하지 못한 상황이 발생하지 않습니다!

● 的確なコーチングにより、モチベーションを高く維持できる。

적확한 코칭에 의해 모티베이션을 높이 유지할 수 있다.

● 次から次へ。圧倒的な「アウトプット学習」で飽きずに集中が続く！

다음에서 다음으로. 압도적인 '아웃풋학습'으로 싫증내지 않고 계속 집중할 수 있다!

● 宿題もオーダーメイド。自宅でも集中して学習でき、定着が進む。

숙제도 오더메이더. 자택에서도 집중해서 학습이 가능하며 정착이 진행된다.

□ 冬期講習生募集 ★ 詳しくはお問い合わせください。体験会も随時募集しています。

동계수강생 모집　자세한 것은 문의해주세요. 체험회도 수시 모집하고 있습니다.

＜津・津西・津高校生の成績アップ例＞ 쓰・쓰니시・쓰고교생의 성적 향상 예

● 津高3年生 H.Y君(現大学1年生)物理25点→81点

쓰고등학교 3학년H.Y군(현 대학1학년) 물리 25점→81점

● 津西高3年生 T.J君 物理 54点→76点

쓰니시고등학교 3학년T.J군 물리 54점→76점

● 津西高3年生 K.S君 2学期期末 数学 97点!!

쓰니시고등학교 3학년K.S군 2학기 기말고사 수학 97점!!

● 津東高2年生 S.H君 2学期中間 数学 100点満点!!

쓰히가시고등학교 2학년 S.H군 2학기 중간고사 수학 100점 만점!!

□ TSU予備校 쓰예비교

〒514-0006 津市広明町328 津ビル２F 쓰시 고메이쵸328 ☎059－221-1050

케익 및 전통과자

☐ Merry Christmas ご予約締切り 메리 크리스마스 예약 마감 12/20まで

- 生クリーム 8号 생크림 8호 ￥6,264(税込)
- ショコラ 쇼콜라(초콜릿) ￥3,996(税込)
- ストロベリーエンペリアル 스트로베리 엠페리얼(L：21㎝) ￥5,670
- ノエル(16㎝) 노엘 ￥3,240
- 生チョコクリーム 생초코크림 (8号24㎝)￥6,588

☐ 特典특전

12月20までにクリスマスケーキをご予約いただいたお客様限定で、スタンプカード通常の3倍お引き取り、ご来店の方限定

12월 20일까지 크리스마스 케이크를 예약하신 고객님에 한정하여 스탬프 카드 통상의 3배 거래, 내점하신 분 한정

☐ 苺の数は大きさによって異なります。飾りも異なる場合がございます。

딸기 수는 크기에 따라 달라집니다. 장식도 다른 경우가 있습니다.

☐ 笑顔があふれる伯藤久庵のクリスマス

미소가 넘치는 하쿠토큐안의 크리스마스

久居店/津市久居井戸山町 832-7 ☎059-256-5501

히키이점/쓰시 히키이이도야마죠 832-7

☐ 伯藤久庵の慶弔菓子 하쿠토큐안의 게이쵸과자

- 紅白まんじゅう 홍백만쥬 2個入り 2개입 1,080円/ 5個入り 5개입 1,404円
- 求肥 큐히 5個入り 1,500円/ 9個入り 2,268円

- 赤飯 팥찹쌀밥(小소)1,650円/ (大대)2,280円
- 二段重 2단찬합(求肥五ヶ入 큐히 5개입 · 赤飯 팥찹쌀밥)1,944円

※ 冠婚葬祭 赤飯 · 紅白まんじゅう · 求肥、引菓子等にもご利ください。ご予約承ります。

관혼상제 팥찹쌀밥 · 홍백만쥬 · 큐히, 히키가시(경사가 있을 때 답례용품 과자) 등에도 이용해주세요. 예약 받습니다.

□ 伯藤久庵 人気の定番商品 하쿠토큐안 인기의 스테디셀러 상품

- 銘菓 명과 青山 아오야마 3個入り 手提げ 데사게(손에 듦. 손에 드는 방식으로 포장된 명과)710円
- いちじくサンド 무화과샌드 5個入り1,050円/ 20個り4,050円
- みえっ張りまんじゅう 미엣빠라만쥬 10個入り950円/15個入り1,475円
- バームクーヘン 바움쿠헨케이크 (中)2,160円/(大)2,700円
- 登録商標 등록상표 えびたま 에비타마 海老煎餅 새우전병 12枚入り750円
- 結びの神 무스비노 가미(남녀의 인연을 맺어주는 신)

  6枚入り 600円/ 12枚入り 1,100円

□ 当店特撰銘菓 본 점포 특선 명과

- 久居の月 히사이의 달
- 風車のある街 풍차가 있는거리
- 栗の華 밤꽃
- みえっ張りまんじゅう 미엣빠리 만쥬
- 三重県花 花しょうぶ 미에현꽃 하나쇼부
- 青山高原チーズケーキ 아오야마고원 치즈 케이크

● 青山 아오야마

● 梨ノ木坂 나시노키사카

● 柿王 가키오

□ 新春を祝う花びら餅ご用意致しております。

신춘을 축하하는 꽃잎떡 준비하였습니다.

久居店/津市久居井戸山町832-7　히사이점포/쓰시 히사이 도야마쵸

● 059-256-5501

★ 年末12月31日まで営業致します。연말 12월 31일까지 영업합니다.

★ 年始1月2日から営業致します。연초 1월 2일부터 영업합니다.

코스 메뉴

□ コースメニューのご案内 山薬 清流庵 自然薯麦とろ・おばんざい

코스 메뉴의 안내 산약 세이류안 참마무기토로(으깬 참마를 얹은 음식) · 오반자이(교토 전통요리)

□ 山薬清流庵のご宴会コース 店内個室ご用意！貸し切りも可能です。

산약 세이류안의 연회 코스 점포 내 개별실 준비! 대여도 가능합니다.

＜さくらの間＞でのご宴会も受付中！ 벚꽃 방에서의 연회도 접수중!

□ 昼宴会 [お昼の宴会にピッタリ]ママ会や、謝恩会、ご家族のお食事会など…

주간 연회 [주간 연회에 안성맞춤]인 엄마들 모임, 사은회, 가족 식사모임 등…

季節の味覚膳 おばんざいたくさんのお食事メインのコースです。

계절의 미각 반찬 오반자이가 많이 들어간 식사 메인 코스입니다.

お一人様 2,580円(税込)飲み放題付 3,780円(税込) 1인분 무제한 식사

- 先付 메인 식사 전에 나오는 음식 おばんざい6種盛り 오반자이 6종 모듬
- サラダ 샐러드 黄金とろろミニサラダ 오곤토로로 미니샐러드
- 刺身 생선회 まぐろぶつ 참치 머리살
- メイン 메인 選べる鍋または牛たん焼き 선택 가능한 나베 또는 규탄구이
- 食事 식사 鍋の場合 나베의 경우 :

  自然薯麦とろ雑炊 참마무기토로로 조스이(일본 쌀 스프)

  牛たんの場合 규탄의 경우 : 桜そば 사쿠라소바
- デザート 디저트 季節のアイス 계절의 아이스크림

○ ＋500(税込)でソフトドリンク飲み放題

+5백엔으로 소프트 드링크 무제한 마시기

○ ＋1,200円(税込)でアルコールも飲み放題！

+1,200엔으로 알코올도 무제한 마시가

※ お子様プレート680円(税別)ご用意できます。

자녀분 접시 680엔(세금 별도) 준비 가능합니다.

小学生以上のお子様はご注文をお願いします。

초등학생 이상의 자녀분은 주문을 부탁드립니다.

□ 夜宴会 自慢の自然薯料理を中心とした創作和食コース！

저녁 식사모임 저희 가게의 자랑인 참마요리를 중심으로 한 창작 일식 코스!

TV・メディア多数紹介の「黄金とろろ鍋」、スタミナ「牛たんとろろ焼き」をお選びいただけます。

텔레비전 · 미디어에서 다수 소개되는 '황금토로로나베'스태미너 '규탄토로로구이'를 선택하실 수 있습니다.

● お得な人気コース 清流庵お試しコース お一人様 3,980円(税込)

이득이 되는 인기코스 세이류안 시식 코스 1인분

2H 飲み放題付き 2시간 무제한 마시기 있음

○ 先付 메인코스 전의 음식 季節の先付 계절의 풍미 음식

○ サラダ 샐러드 白魚のサラダ 흰살 생선의 샐러드

○ 揚げ物 튀김 春野菜と自然薯の天ぷら 봄 야채와 참마 튀김

○ メイン 메인 選べる鍋又は牛たん焼き 선택할 수 있는 나베 또는 규탄구이

○ 食事 식사 鍋の場合 나베의 경우： 自然薯とろろ雑炊 참마토로로 조스이

牛たんの場合 규탄의 경우：桜そば 사쿠라소바

○ デザート 디저트 季節のアイス 계절의 아이스크림

● 雅コース おつまみ充実！ 미야비(풍아)코스 안주 충실!

お一人様 1인분 5,000円(税込)

２H飲み放題付き 2시간 무제한 마시기 있음

○ 先付 사키즈케 前菜三種盛り合わせ

오도블(정식 메뉴 전의 식욕을 돋구기 위한 요리) 3종 모듬

○ サラダ 샐러드 白魚のサラダ 흰살 생선 샐러드

○ 揚げ物 튀김 春野菜と自然薯の天ぷら 봄 야채와 참마 튀김

○ メイン 메인 選べる鍋又は牛たん焼き 선택할 수 있는 나베 또는 규탄구이

○ 食事 식사 鍋の場合 나베의 경우：自然薯とろろ雑炊 참마토로로 조스이

牛たんの場合 규탄의 경우：桜そば 사쿠라소바

○ デザート 디저트 季節のアイス 계절의 아이스크림

※ お鍋は「桜姫鶏の自家製鶏油(チー油)とろろ鍋」「漢方豚の金華スープとろろ鍋」からお選びください。

나베는 '사쿠라히메도리의 자가제 계유 토로로 나베' '한방돼지의 긴카 스프 토로로 나베'부터 선택해주세요.

※ ＋1000円で1時間延長可能です！お気軽にご相談ください。

+천엔으로 1시간 연장 가능합니다! 부담없이 상담해주세요.

□ ご予約はこちらから 예약은 이쪽에서 →ＴＥＬ：042－313－7587

□「完全個室」ございます！ 완전 개별실 있습니다.

□「さくらの間」でのご宴会も受付いたします。部屋代無料

'사쿠라의 방'에서의 연회도 접수합니다. 룸 대실료 무료

★ 当店にてお申込みください。본 가게에서 신청해주세요.

○ 10名様以上のご宴会でご利用可能です。

10명 이상의 연회도 이용 가능합니다.

○ 10名から48名様の間でご利用頂けます。

10명부터 48명 사이에 이용 가능합니다.

□ 店舗情報 自然薯麦とろ・おばんざい 山薬清流庵 ココリア 多摩センター店

점포 정보- 참마무기토로 · 오반자이 산약세이류안 코코리아 다마센터점

TEL 042－313－7587

住所 〒206－0033 東京都多摩市落合1－46－1 ココリア多摩センター6F

주소　도쿄도 다마시 오치아이　코코리아 다마센터

営業時間 영업시간 11：00~22：00

※ ラストオーダー 마지막 주문 21：30

※ 店休はテナントに準じます。휴무일은 임차인에 준합니다.

텔레비전 수신료

□ NHKはみなさまの受信料で成り立つ「公共放送」です。

NHK는 여러분의 수신료로 꾸려가는 '공공방송'입니다.

● 放送受信契約各種お手続きのご案内 방송 수신계약 각종 수속 안내

● こんにちは、NHKです。안녕하세요. NHK입니다.

● 新規契約・住所変更について、みなさまにご案内させていただきます。

신규계약 및 주소변경에 관해 여러분에게 안내 드립니다.

□ みなさまのご自宅時間にちょっとプラスを！

여러분의 자택 시간엑 약간 플러스를!

● バーチャル背景 가상 배경

● キャラクターぬり絵 캐릭터 컬러링북

● ペーパークラフト 종이조형

□ 新型コロナウイルス感染症の感染拡大により生活や事業運営に影響を受けられているみなさまに心よりお見舞い申し上げます。

신형 코로나바이러스 감염증의 감염확대에 따라 생활이나 사업운영에 영향을 받으시는 여러분에게 진심으로 문안 말씀 드립니다.

● NHKはみなさまの「安全・安心」に貢献するため、「命と暮らしを守る報道」に全力で取り組んでまいります。今後ともご理とご協力をよろしくお願いいたします。

NHK는 여러분의 '안전 · 안심'에 공헌하기 위해 '생명과 생활을 지키는 보도'에 전력을 기울여 매진해 나가겠습니다. 앞으로도 많은 이해와 협력을 부탁드립니다.

□ 新規契約 신규계약

● テレビをお持ちで受信契約がまだお済でない場合

텔레비전을 가지고 계시면서 수신계약이 아직 안 된 경우

□ 住所変更 주소 변경

● お引越しをされた場合 이사를 하신 경우

□ 以下の方法でお手続きができます 이하의 방법으로 수속이 가능합니다.

● ハガキでのお手続き 同封のハガキに必要事項をご記入のうえ、郵送してください。

엽서로 수속하기 동봉한 엽서에 필요사항을 기입하신 후 우송해주세요.

● インターネットでのお手続き 인터넷 수속

□ 便利なコンテンツのご紹介 편리한 콘텐츠의 소개

● インターネットで地上波放送 番組を視聴できるサービス

인터넷으로 지상파 방송프로그램을 시청할 수 있는 서비스

● おうちで学ぼう！ 집에서 배우자!

● 最新ニュースをいち早くお届け！ 최신뉴스를 재빨리 전달하라!

□ 受信料額表수신료액표(2020年10月から)

地上契約 지상계약	月額	2カ月払額	6カ月払額	12カ月前払額 12개월 선지불액
	1,225円	2,450円	7,015円	13,650円

특산물

□ 瀬戸内の美味しい幸を小豆島からお届けします。

세토우치의 맛있는 음식을 쇼도시마에서 전해드립니다.

□ 自 然と先人達へ感謝 小豆島 せとうち感謝館

자연과 선인들에게 감사 쇼도시마 세토우치 감사관

□ 瀬戸内海産海苔と国産いわしの削りぶしを古式釜炊き塩で和えたほぐし海苔ふりかけ 세토내해산 김과 국산 정어리의 게즈리부시(말린 정어리를 얇게 썬 것)를 전통식 가마다키 소금으로 무친 호구시김 후리카케

- 塩かどが柔らかく後味が良い 소금맛이 부드럽고 뒷맛이 좋다
- 炊きたての新米に！海苔と削りぶしの香りがふわっと広がります。

  갓 지은 햅쌀에! 김과 게즈리부시의 향이 확 퍼져나옵니다.
- 完熟したオリーブの実を搾っただけの上質なエキストラヴァージンオリーブオイル入り

  완숙한 올리브 열매를 막 짜낸 고급 엑스트라 버진 올리브오일을 넣음

□ ほぐし海苔に使用している瀬戸内海 産の海苔は草質が大きく、鮮やかで濃い緑色をしています。この緑色が上級品の証で、香りや手触りも抜群！美しく香りも良いので、ふりかけとしてはもちろんお料理の彩りにも最適です。

풀어낸 김으로 사용하는 세토내해산의 김은 초질이 크고 선명하며 짙은 녹색을 띠고 있습니다. 이 녹색이 고급품임을 입증하는 것으로 향이나 촉감도 뛰어납니다! 아름답고 향도 좋으므로 후리카케로도 물론 요리의 색채 조절에도 최적입니다.

□ ほぐし海苔とは？ 호구시노리란?

「ほぐし海苔」は収穫した海苔をそのまま乾燥させ1つ1つほぐしてい

るので、海苔を細かく切って焼き上げる「板海苔」より、旨みが残るといわれます。さらに和えた良質なオリーブオイルが素材の味を引き立てながら、海苔のミネラルやビタミンの体内への吸収を助けます。

'호구시노리'는 수확한 김을 그대로 건조시켜 하나하나 풀은 것으로 김을 잘게 잘라 구워내는 '일반김'보다 은은한 맛이 나는 것으로 전해집니다. 또 버무린 양질의 올리브오일이 소재의 맛을 내며 김의 미네랄이나 비타민의 체내 흡수를 돕습니다.

● サラダに、焼きそばのトッピングに、山芋短冊に、お料理に加えるだけ！ 샐러드에, 구운소바의 토핑에, 산마 단책에, 요리에 넣기만 하면 됨!

海苔ならではの風味・旨みがお料理を引き立てます。

김 특유의 풍미 · 맛이 요리를 거듭나게 만듭니다.

□ 職人の削り技「いわし削りぶし」 직공의 깎는 기술 '정어리 게즈리부시'

「ほぐし海苔ふりかけ」には、大正時代からの伝統を受け継ぎ、手間暇かけて手作業で一尾一尾削る、職人こだわりの「いわしの削り節」を和えています。海苔といわしの味わいが絶妙に合う、せとうち感謝館でしか買えない、手間のかかった貴な逸品を是非、お召し上がり下さい！

'호구시 김 후리카케'에는 다이쇼시대부터 전해오는 전통을 계승하고 오랜 시간을 들여 수작업으로 한마리 한마리 깎아낸, 직공이 고집하는 '정어리 게즈리부시'를 무치고 있습니다. 김과 정어리의 맛이 절묘하게 맞는 세토우치 감사관에서만 살 수 있는 품이 많이 들어간 귀중한 일품을 꼭 드셔보세요!

□ 初回購入の方限定 4袋以上お買上げで 送料無料

처음 구입하신 분 한정 4봉지 이상 구입하시면 송료 무료

● 瀬戸内海産 ほぐし海苔ふりかけ(いわし削りぶし入り)10g 1袋 550円(税抜) 세토내해산 호구시김 후리카케(정어리 게즈리부시 들어감)

□「小豆島せとうち感謝館」は、井上誠園グループです。

'쇼도시마 세토우치 감사관'은 이노우에 세이코엔 그룹입니다.

☎0120－123－537

파칭코

□ サンプラザ津店 新台入替 10月19日(月) 朝9時オープン‼

산프라자 쓰점 새 기계 교체　아침 9시 오픈!!

● パチンコ新台 PF戦姫絶唱シンフォギア２

파친코 새 기계 PF전희절창 심포기어2(일본 애니메이션 텔레비전 프랜차이즈)

P交響詩篇エウレカセブンHI-EVOLUTION ZERO他 パチンコ13機種増台 P교향시편 에우레카세븐 HI-EVOLUTION ZERO외 파친코 13기종 확대

□ 10月も連日9時開店！ 10월도 연일 9시 개점!

● サンプラザでは各台に消毒液を設置するなど、ウイルス予防対策を行っております。산프라자에서는 각 기계에 소독액을 설치하는 등 바이러스 예방대책을 실시하고 있습니다.

□ サンプラザ津店 アルバイトスタッフ大募集

산프라자 쓰점 아르바이트 스탭 대모집

● 時給 시급 1,200円(皆勤手当も含む 개근 수당도 포함함)~

○ 皆勤手当あり 休まず勤務してくれた方には総労働時間×100円支給 개근 수당 있음- 쉬지 않고 근무해준 분에게는 총노동시간×100엔 지급

○ 土日祝日 時給50円~100円アップ(早番50円アップ、遅番100円アップ) 토일 축일 시급 50엔~100엔 업(조번 50엔 업, 지번 100엔 업)

○ パートタイマーでも社会保険、有給休暇制度完備

파트타이머라도 사회보험, 유급휴가제도 완비

○ 研修期間 早番：8時30分~/11時00分~ 遅番：16時30分~/18時00分~ 연수기간 조번 지번

☐ 閉店後の清掃スタッフ募集 폐점 후의 청소 스탭 모집

● 勤務時間 근무시간：２３：４５~２５：１５

● 時給 시급：1,200円から(皆勤手当あり 개근수당 있음)

● 業務内容 업무내용：閉店後の清掃業務 폐점 후의 청소 업무

● 応募資格 응모자격： 年齢不問・健康な方 건강하신 분

☐ 主催：株式会社シーグリーン 毎日貯まる来店ポイント 会員募集中

주최: 주식회사 시그린 매일 쌓이는 내점 포인트 회원모집중

☐ SUNPLAZA パーラーサンプラザ津店 津市住吉町195 ☎059-223-2890

선플라자 파라 선플라자 쓰점 쓰시 스미요시쵸

파티 메뉴

□ PARTY MENU Papa Milano FORET

□ 選べる飲み放題プラン パパミラノの飲み放題は個別対応！グループで統一しなくてOK！

고를 수 있는 무제한 마시기 플랜- 파파밀라노의 무제한 마시기는 개별 대응!

단체고객으로 오셔서 각자 개별적으로 주문하셔도 OK!

- PLAN1 600円(ノンアルコールプラン 비알콜 플랜)
- PLAN2 1300円(アルコールプラン 알코올 플랜)

ビール・ワイン・カクテル・ソフトドリンク

맥주 와인 칵테일 소프트드링크

□ ママ会・女子会応援！女性グループでご注文の方 1000円に!!

주부모임 여성회 응원! 여성 그룹으로 주문하신 분 1000엔에 할인해드립니다!!

□ 飲み放題メニュー 무제한 마시시 메뉴

- サントリーザ・プレミアム・モルツ 산토리자 프레미엄 몰츠
- ウイスキー 위스키
- イタリアンワイン 이탈리안 와인
- ワインカクテル 와인 칵테일

□ お得な宴会オプション 이득이 되는 연회 옵션 各300円

①スパークリング飲み放題 스파링 무제한 마시기

②ピザ食べ放題 피자 무제한 먹기

□ 昼からOK！女子だけで盛り上がっちゃう 女子会・ママ友コース

주간부터 OK! 여성만으로 분위기가 달아오르는 여성회・주부 친구 코스

お料理のみ 1900円 ママも安心！キッズメニュー・離乳食もございます。

요리만 1900엔- 주부도 안심! 키즈메뉴 · 이유식도 있어요.

□ 前菜7種盛り合わせ 전채 7종 모듬

- ガスパチョ 가스파초(젖은 빵)
- 冬瓜のマリネ

  동아(인도 원산의 열매) 재운 것(음식을 조리하기 전에 양념한 액체에 담가둔 것)

- キャロットラペ 카로트 라페(프랑스의 당근 샐러드)
- 合鴨のスモーク 훈제 집오리
- 枝豆のフリッタータ

  풋콩 프리타타(풋콩에 고기, 채조, 치즈, 파스타 등이 들어간 음식)

- モルタデッラハム

  모르타델라 햄(곱게 다진 돈육에 돼지기름, 후추, 피스타치오 등을 넣은 소시지, 스페인이나 포르투갈에서 즐겨 먹음)

- 生ハムとオレンジ、トマトのシチリア風サラダ

  생 햄과 오렌지, 토마토 시칠리아풍 샐러드

□ 彩り食材のチーズフォンデュ

채색 식재의 치즈 퐁뒤(스위스, 이탈리아(알프스 지역)의 전골요리)

□ 茹で上げパスタ 茄子とベーコンのスパゲッティ トマトソース

삶은 파스타 가지와 베이컨의 스파게티 토마토소스

□ ドルチェ2種盛り合わせ 돌체 2종 모듬

自家製ティラミスとレモンシャーベッド~オレンジマーマレード乗せ~

자가제 티라미스와 레몬샤벳 ~오렌지 마마레도 얹은 것

□ 食後のコーヒーまたは紅茶 식후의 커피 또는 홍차

※ パーティーコースの表示価格は全て税込です。

파티 코스의 표시 가격은 모두 세금포함입니다.

※ 食物アレルギーがあるお客様は、スタッフにお知らせください。

식물 알레르기가 있는 고객님은 스태프에게 말씀해주세요.

□ パパミラノでお手軽夏パーティー！パパミラノを満喫する スタンダードコース

파파밀라노에서 간소한 여름 파티! 파파밀라노를 만끽하는 스탠다드 코스

お料理のみ 1680円 選べる飲み放題プラン♪

요리만 고를 수 있는 무제한 마시기 플랜♪

● ワインによく合う前菜4種盛り合わせ

와인에 잘 어울리는 전채 4종 모듬

○ 生ハム 생햄　　○ サーモンのカルパッチョ 연어 카루파쵸

○ ガスパチョ 가스파쵸　　○ 枝豆のフリッタータ 풋콩 프리타타

● チーズいっぱいシーザーサラダ 치즈가 가득 들어간 시저 샐러드

● チキンバスケット＆ポテトフライ 치킨 바스켓& 포테이토 후라이

● 茹で上げパスタ①~④よりお選びください

삶은 파스타 ①~④에서 골라주세요.

茄子とモッツァレラチーズのシチリアーナ

가지와 모짜렐라 치즈의 시칠리아나

野菜いっぱいのスパゲッティ「ヴェルドゥーラ ビアンカ」

야채가 가득 들어간 스파게티 '베르두라 비앙카'

厚切りベーコンのカルボナーラ 두껍게 자른 베이컨의 카르보나라

あさりいっぱいのスパゲッティ「ボンゴレビアンコ」

바지락이 가득 들어간 스파게티 '봉골레 비앙코'

□ スパイシーチキングリルとホエー豚の「ミートプレート」とパスタ・ピザもお好みで選べる夏のおすすめコース お料理のみ2200円

스파이시 치킨 그릴과 호에 돼지의 '미트플레이트'와 파스타 · 피자도 좋아하시면 고를 수 있는 여름의 추천 코스 요리만 2200엔

● ワインによく合う前菜4種盛り合わせ 와인에 잘 맞는 전채 4종 모듬

● さっぱり！グリーンサラダ 깔끔! 그린 샐러드

● 青海苔のゼッポリーネとポテトフライ 파래의 젯뽀리네와 감자튀김

● シラスと青ネギのアヒージョ 뱅어와 가는파의 아히죠

● スパイシーチキングリルとホエー豚のロースト

스파이시 치킨 그릴과 호에돼지의 로스트

□ 牛リブロースとスパイシーチキン、グリルフランクの「ブッチャープレート」とメカジキのグリルをスパークリングで楽しむ夏のプレミアムコース お料理のみ2700円

소 립로스트 스테이크와 스파이시 치킨, 그릴 프랭크의 '부처 플레이트'와 황새치의 그릴을 스파클링으로 즐기는 여름의 프레미엄 코스 요리만 2700엔

※ パーティーコースの表示価格は全て税込です。

파티 코스의 표시 가격은 모두 세금 포함입니다.

※ 食物アレルギーがあるお客様は、スタッフにお知らせください。

식물 알레르기가 있는 고객님은 스태프에게 말씀해주세요.

포인트 카드

□ 今年の年末もKカードはあなたのお財布応援隊！

올해 연말도 K카드는 당신의 지갑 응원대입니다!

2020年12月1日(火)~12月31(木)

満点カード1枚 600円！でご利用できます！

만점 카드 1매 600엔!으로 이용하실 수 있습니다!

□ さ・ら・に 加盟店で使える2万円分の商品券が抽選で50名様に当たる!!

그리고 가맹점에서 사용할 수 있는 2만엔 분의 상품권이 추첨으로 50분에게 당첨된다!!

当選総額 당첨 총액 100万円

□ ポイント&満点カード得々情報！ 포인트&만점 카드 이익 정보

- 着替え後の洋服は大丈夫？3倍セール！

  옷을 갈아 입은 후의 양복은 괜찮아? 3배 세일

- 成人記念写真撮影・お宮参り写真撮影デジタルカメラ・スマホカメラからカラープリント1枚15円

  성인 기념 사진 촬영 · 신사참배 사진촬영 디지털 카메라 · 스마트폰카메라에서 컬러 프린트 1매 15엔

- 12月中満点カード12월중 만점 카드 1枚 700円
- 羽毛ふとんリフォーム깃털 이불 리폼 2倍
- 年賀状プリント연하장 프린트 1枚49円 基本料기본료 2,500円
- カヤどら카야도라 3個 240円
- カヤマロール카야마롤 1 個500円 ハーフ하프 250円

□ 歳末謝恩祭 和装小物フェア ぞうり又はバッグ お買い上げの方 2倍ポイント 연말사은제 일본 전통옷 소품 행사 조리 또는 가방 구입하신 분 2배 포인트

□ 亀山ポイントカード会 亀山商工会議所案内 ☎(0595)82－1331

가메야마 포인트 카드회 가메하마 상공회의소 안내

프라이드 치킨

□ ケンタッキーのクリスマスメニューご予約スタート！

컨터키의 크리스마스 메뉴 예약 스타트!

パーティバーレルXmas 早割12/13(日)まで 파티 배럴

受取り日 수취일 2020年12月19日(土)~25日(金)

- パーティバーレル 파티배럴 オリジナル 오리지널 ¥4000
- パーティバーレル 파티배럴 バラエティ 버라이어티 ¥4000
- プレミアムローストチキン 프레미엄 로스트 치킨 ¥5890
- ローストレッグ 로스트레그 ¥1090
- 胸肉ロースト 가슴육 로스트 ¥1190
- クリスマスパック 크리스마스 팩 ¥2800
- ビスポテBOX 비스포테 박스 ¥1200

□ ご予約受付時限定 예약 접수시간 한정

- 優待チキンセット 우대 치킨 세트 ¥630
- 優待サンドセット 우대 샌드 세트 ¥590

□ 好評販売中！ 호평 판매중!

- 期間限定 ウィンターパック 12ピース ¥3940

  기간 한정 윈터팩 12피스

□ 毎日ケンタランチ 매일 켄터런치 500円から！ 500엔부터!

- ツイスターセット 트위스트 세트 ¥550

- チキンフィレ サンドセット 치킨 안심 샌드세트 ￥600
- 和風(わふう)チキンカツ サンドセット 일본풍 치킨카츠 샌드세트 ￥600
- オリジナルチキンセット 오리지널 치킨세트 ￥700
- ランチ 런치 ￥500

□ いつでもネットでカンタン予約(よやく)！

언제라도 인터넷으로 간단히 예약 가능합니다!

12月(がつ)18日(にち)(金(きん))まで受付中(うけつけちゅう)！ケンタッキークリスマス

12월 18일(금)까지 접수중! 켄터키 크리스마스

□ 河芸店(かわげてん) 가와게점

- 住所(じゅうしょ)：津市河芸町上野(つしかわげちょううえの)240-7 주소: 쓰시 가와게쵸 우에노 240-7

  ☎ 059-244-0012(年中無休(ねんじゅうむきゅう) 연중무휴)

  営業時間(えいぎょうじかん) 영업시간：10：00AM~9：00PM

  ドライブスルー 드라이브 스루 Ⓟ 駐車場(ちゅうしゃじょう)あり 주차장 있음

- クーポンは三重県下(みえけんか)の全店(ぜんてん)でご使用(しよう)になれます。

  쿠폰은 미에현 소재 전 점포에서 사용하실 수 있습니다.

피자

□ Domino's 1枚でも、何枚でも、お持ち帰り 半額 どのピザでも。

도미노스- 1장이라도 몇장이라도 테이크아웃 반액 어느 피자라도 가능합니다.

□ デリバリーでもおトク！ M・R・L ニューヨーカー

배달을 시켜도 이득! M사이즈 · R사이즈 · L사이즈 뉴요커

ピザ全品 피자 전품 30%OFF 30% 할인

□ サイドメニュー 사이드메뉴 2品 2품 ￥600

□ トッピング2倍！満足2倍以上！ どのピザでもOK！＋たったの299円 Mサイズ 토핑 2배! 2배 이상 만족! 어느 피자라도 OK!+단돈 299엔 M사이즈

□ デリバリー ピザ1枚＋サイドメニュー2品 M ￥1999

배달 피자 1장+사이드메뉴 2품

□ デリバリー ピザ２枚＋サイドメニュー3品 M ￥2999

배달 피자 2매+사이드메뉴 3품

□ バッファローウイング Mサイズ ソースが新しくなってさらにおいしく！ 버펄로 윙 사이즈 소스가 새로워져 더더욱 맛있게! ￥499(税抜 세금 별도)

□ BIG WEDNESDAY 水曜日限定！ 빅 웬즈데이 수요일 한정! ピザ3枚で Mサイズ 피자 3장에 M사이즈 ￥2400 Rサイズ R사이즈 ￥3000 Lサイズ L사이즈 ￥3600

□ アルバイト 아르바이트 · 正社員 정규직 사원 募集中！ 모집중!

□ 津上浜町店 쓰카미하마쵸점 059－221－2323

全メニューと詳細はウェブでチェック！www.dominos.jp

전 메뉴와 상세한 정보는 인터넷으로 확인해주세요!

☐ ご注文(ちゅうもん)はウェブサイトからも承(うけたまわ)っております。

주문은 인터넷사이트로도 받고 있습니다.

☐ 1枚(まい)でも、何枚(なんまい)でも、お持(も)ち帰(かえ)り半額(はんがく) どのピザでも

1장이라도 몇장이라도 테이크 아웃 반액 어느 사이즈라도 가능

☐ Mサイズ ¥900 Rサイズ ¥1200 Lサイズ ¥2800

- クワトロ・ハッピー 콰트로해피 ● ドミノデラックス 도미노디럭스
- マルゲリータ 마르게리타
- ニューオーリンスBBQチキン 뉴올리언스BBQ치킨
- カリフォルニアスタイル 캘리포니아 스타일

  チキン치킨&ベーコン 베이컨 ● アメリカン 아메리칸
- トロピカル 트로피컬 ● 高麗(こうらい)カルビ 고려갈비
- シェフの気(き)まぐれ野菜(やさい)スペシャル 셰프의 변덕 야채 스페셜

☐ サイドメニュー 사이드메뉴

- ポテナゲ 포테나게 ¥500 ● ポテチキ 포테치킨 ¥550
- ポテトフライ 포테토후라이 M ¥350
- チキンナゲット 치킨너겟 M ¥450
- ジューシーからあげ 쥬시튀김 ¥300~700
- ポップコーン・シュリンプ 팝콘 슈림프 ¥600
- 骨付(ほねつ)き フライドチキン 뼈가 있는 후라이드 치킨 M ¥500
- クラムチャウダー 클램차우더 ¥350
- シーザーサラダ 시저샐러드 ¥450
- ストロベリー 스트로베리 ¥370 アカデミアナッツ 아카데미아 넛츠 ¥370

피트니스・요가

□ このチラシをご持参で お試し空中フィットネス・ヨガ

이 전단지를 지참하시면 시험 공중 피트니스・요가

自分に合ったレッスンが選べる 美 健康 癒し 楽

자신에게 맞는 레슨을 고를 수 있다. 미 건강 치유 즐거움

Step① まずはお気軽に1日体験 体験料(通常5,500円) ￥2,200

우선은 부담없이 1일 체험 체험료(통상 5,500엔)

Step② 体験当日にご入会で！ 入会料 登録料(￥5,500＋￥3,300) 無料

체험 당일에 입회하시면 입회료 등록비 무료

Step③ 体験後はお得なフリーパスで 1ヶ月(通常￥10,000)￥6,600

체험 후는 이득이 되는 프리패스로 1개월(통상 1만엔)

お試し期間 시험기간：2020年12月31日まで

※ 表示価格はすべて税込みとなります。표시 가격은 모두 세금포함입니다.

□ 楽しみながら効果を得られる 즐기면서 효과를 얻을 수 있다.

- 心身ともにリフレッシュ 심신모두 리프레쉬
- 自律神経を整えて免疫力アップ 자율신경을 조절하여 면역력 향상

□ 20代~80代までの方々に愛されているフィットネス

20대~80대까지의 분들에게 사랑받는 피트니스

『AntiGravity Fitness &Yoga』

いつまでも美しく若くありたい Studio 9はそんな女性を応援します。

언제까지나 아름답고 젊게 있고 싶다. 스튜디오9는 그런 여성을 응원합니다.

● 完全予約制 완전예약제

● 女性専用 여성전용

● 更衣室完備 탈의실 완비

□ 新型コロナウイルス感染拡大防止 Studio 9 の取り組み

신형 코로나 바이러스 감염확대 방지 스튜디오9의 실천

● 手指のアルコール消毒 손가락의 알코올 소독

● マスクの着用 마스크 착용

● 店内換気 점포 내 환기

● レッスン後毎の消毒、除菌 레슨 후 매번 소독, 제균

□ Studio 9 －NINE－ 스튜디오9

〒514-1101 三重県津市久居明神町2374(久居インターガーデン)A棟

미에현 쓰시 히사이묘진초2374(히사이 인터가든) A동

TEL/059-255-5522

体験のご予約・お問合せはお気軽に！ 체험 예약・문의는 부담없이!

OPEN11：00~21：30(日・祝のみ 일요일과 축일만 10：00~13：30)

定休日 정기휴일 水曜日 수요일(臨時休業有 임시휴업 있음)

このチラシをご持参で
お試し
空中フィットネス・ヨガ
step1 まずはお気軽に 1日体験
体験料（通常 ¥5,500）
¥2,200
step2 体験当日に ご入会で！
入会金 登録料 無料
（¥5,500+¥3,300）
step3 体験後はお得な フリーパスで
1ヶ月（通常 ¥10,000）
¥6,600
お試し期間：2020年12月31日まで
※表示価格はすべて税込みとなります。
自分に合った レッスンが 選べる
美
健康
癒し
楽
新型コロナウイルス感染拡大防止 Studio9 の取り組み
手指の アルコール消毒
マスクの着用
店内換気
レッスン後毎の 消毒、除菌
宮脇書店
国立三重中央病院
久居インターガーデン
イオン久居店
至津
久居I.C
マクドナルド
165
ANTI GRAVITY®
20代～80代までの方々に愛されているフィットネス
『AntiGravity® Fitness & Yoga』
楽しみながら 効果を得られる
◎心身ともにリフレッシュ
◎自律神経を整えて免疫力アップ
いつまでも美しい 若しくありたい Studio9は そんな女性を応援します
完全予約制
女性専用
更衣室完備
Studio 9 -NINE-
〒514-1101 三重県津市久居明神町 2374 （久居インターガーデン）A棟
TEL / 059-255-5522
エアヨガ 津 検索
【体験のご予約・お問合わせはお気軽に】
OPEN 11:00~21:30 （日・祝のみ 10:00~13:30）
定休日 水曜日 （臨時休業有）

핸드폰 대리점

☐ 当店オススメスマホ！他社ケータイ(3G)・PHSサービスご利用の方もおトク~

본 매장 추천 스마트폰! 타사 휴대폰(3G)・PHS 서비스 이용하시는 분도 이득~

☐ 3Gサービス(ケータイ・スマホ)・PHSサービスをご利用中の方

3G 서비스(핸드폰・스마트폰)・PHS서비스를 이용하시는 분

機種変更または他社からお乗り換え 기종 변경 또는 타사 핸드폰도 계약 가능

☐ Android

● BASIO4 機種代金 一括 0円 GRANTINA 機種代金 一括 0円

기종 대금 일괄　기종 대금 일괄

AQUOS sense3 basic 機種代金 一括 0円 기종대금 일괄 0엔

☐ IPhone SE 64GB 機種代金 一括 0円 기종 대금 일괄 0엔

● 3Gサービスの方必見！(ケータイ・スマホ・PHSサービス)

3G 서비스 받고 계시는 분 필견(핸드폰・스마트폰・PHS서비스)

☐ 新規ご契約、他社からお乗り換え 11/28(土)~30(月)限定 한정

신규 계약, 타사 핸드폰도 계약 가능

● 条件 新規契約または他社からお乗り換えでAQUOS sense3 basicをご購入

조건 신규 계약 또는 타사 핸드폰 계약으로 AQUOS sense3 basic를 구입

☐ AU IPhone12mini. こんにちは、5G 안녕하세요, 5G

☐ 最新機種(さいしんきしゅ)がいきなりお得(とく)!! 5G秋(あき)トクキャンペーン

최신 기종이 느닷없이 이득!! 5G가을 이득 캠페인

機種代金(きしゅだいきん) 기종 대금 5,500円(えん)(税込(ぜいこみ) 세금포함)割引(わりびき) 할인

☐ AUショップ津桜橋(つさくらばし) AU 숍 쓰 사쿠라바시 0800－700－0353

☐ ~新型(しんがた)コロナウイルス対策(たいさく)~お客様(きゃくさま)へのお願(ねが)い

~신형 코로나 바이러스 대책~고객분들에게 부탁드립니다.

マスク着用(ちゃくよう)でのご来店(らいてん)、事前(じぜん)の検温(けんおん)のご協力(きょうりょく)をお願(ねが)いいたします。

마스크 착용 후, 내점하셔서 사전 체온 검사 협력을 부탁드립니다.

헬스장

□ withコロナの今こそ！運動が必要だ！

위드 코로나 지금이야말로! 운동이 필요하다!

- 見学・体験が無料でできます。お問い合わせください。

  견학 · 체험을 무료로 할 수 있습니다. 문의해주세요.

- 新型コロナ対策 신형 코로나 대책 徹底実施 철저 실시

- 免疫力UP！ 強いカラダへ 基礎体力UP！

  면역력 향상! 강한 몸으로 기초체력 향상!

□ 先着 各30名様 限定 お急ぎください 最終募集！

선착순 각 30명 한정 서둘러주세요. 최종 모집!

□ お急ぎください！ 서둘러주세요! 12/9(水)締切 마감！

- 入会金＋登録手数料 입회금+등록 수수료 ￥5,000＋￥3,000が￥0

- さらにプレゼント！①施設優待券枚 ②マスク1箱(50枚入)

  또 선물이! ①시설우대권 2매 ②마스크 한 상자(50매입)

  ご入会は早いほどお得！ 11月中の会費無料！

  입회는 이를수록 이득입니다! 11월 중으로 입회하면 회비가 무료입니다!

□ 自宅でヨガなど受け放題！週66本ライブ配信！

자택에서 요가 등 무제한 받기! 주 66개 라이브 송신!

□ スポーツクラブ アクトス津山の手 TEL. 059-233-1611

스포츠클럽- 아쿠토스 쓰야마노테

□ 毎日の運動が若さの秘訣！アクトスで健康習慣を身につけていつま

でも若々しく！

매일의 운동이 젊음의 비결! 아쿠토스로 건강 습관을 몸에 익혀 언제까지나 젊게!

- バイク 바이크
- 水中ウォーキング 수중 워킹
- ヨガ 요가
- ストレッチポール 스트레치 볼

□ みんなと一緒だから！楽しく続けられる！

모두가 함께하니까! 즐겁게 계속할 수 있다!

- 15分間の目的別トレーニング シェイプTIME！

  15분간의 목적별 트레이닝 세이프 타임!

- 会員様どなたでも参加できます！ 회원이라면 누구라도 참가가 가능합니다!
- 目的を絞ることで短時間で効果UP！

  목적을 구체화하는 것으로 단시간에 효과 상승!

- 二の腕 상박・背中 등
- お腹 배・ウエスト 웨스트
- 美尻 아름다운 엉덩이・美脚미각

□ 選べる会員プラン 고를 수 있는 회원 플랜

- 正会員 정회원 ￥9,000
- ファミリー→ファミリー会員 패밀리 회원 ￥7,000
- モーニング会員 모닝회원 ￥4,500
- アフタヌーン会員 오후 회원 ￥4,500
- ナイト会員 나이트 회원 ￥4,500
- ホリデイ会員4,500円 홀리데이 회원
- 複合会員 ￥6,750 복합회원

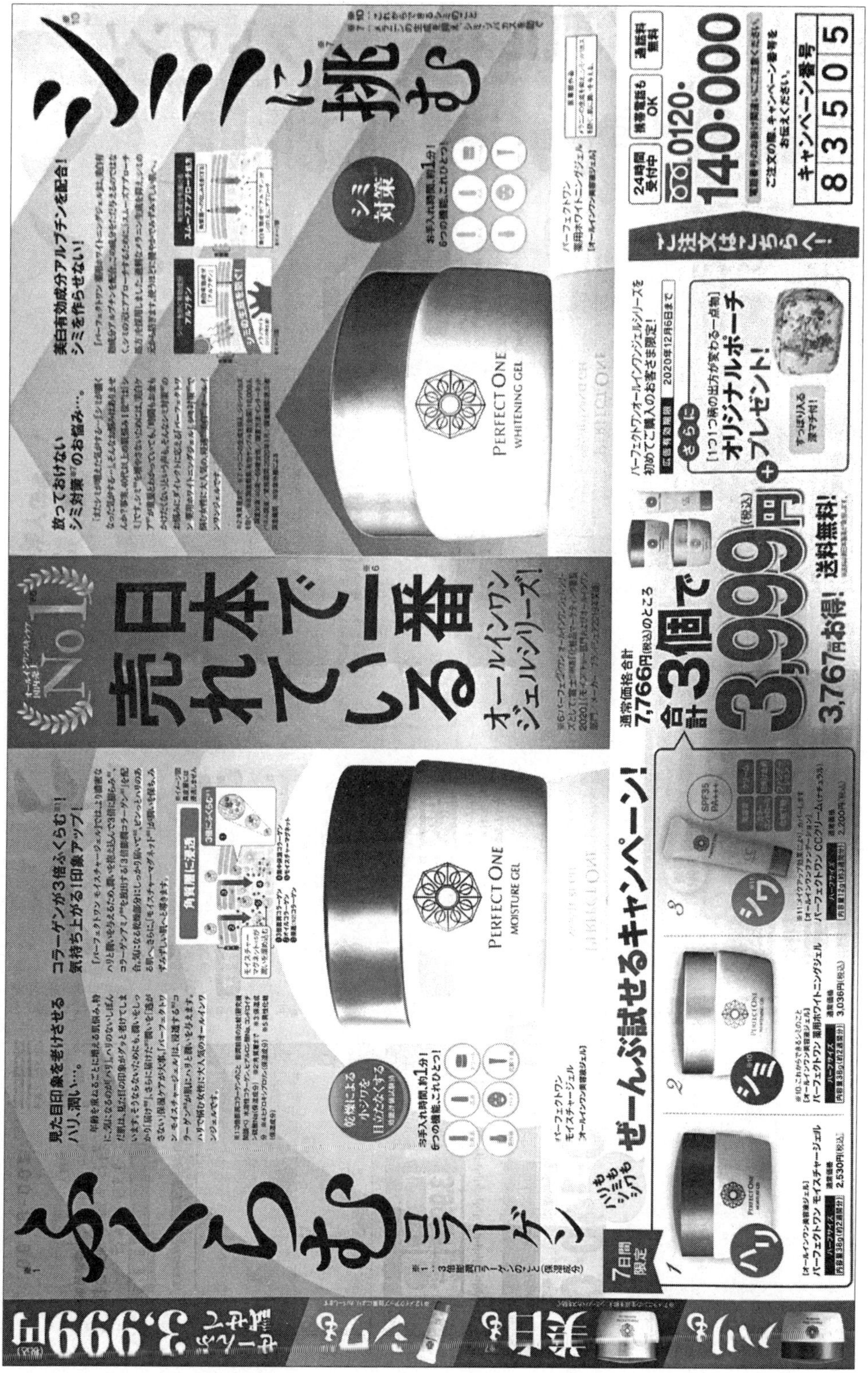
ハリも 美白も シワも
ぜーんぶ試せて 3,999円(税込)
ふくらむコラーゲン
見た目印象を老けさせる ハリ、潤い…。
コラーゲンが3倍ふくらむ!
気持ち上がる!印象アップ!
角質層に浸透
乾燥による小ジワを目立たなくする
お手入れ時間、約1分!
6つの機能、これひとつ!
PERFECT ONE MOISTURE GEL
パーフェクトワン モイスチャージェル
[オールインワン美容液ジェル]
オールインワンスキンケア 国内売上 No.1
日本で一番売れている
オールインワンジェルシリーズ!
放っておけない シミ対策のお悩み…。
美白有効成分アルブチンを配合! シミを作らせない!
アルブチン
スムーズアプローチ処方
シミの元を防ぐ!
シミ対策
シミに挑む
PERFECT ONE WHITENING GEL
パーフェクトワン 薬用ホワイトニングジェル
[オールインワン美容液ジェル]
7日間限定
ハリもシミもシワも
ぜーんぶ試せるキャンペーン!
1 ハリ
[オールインワン美容液ジェル]
パーフェクトワン モイスチャージェル
ハーフサイズ 内容量38g(約2週間分) 通常価格 2,530円(税込)
2 シミ
※10 これからできるシミのこと
[オールインワン美容液ジェル]
パーフェクトワン 薬用ホワイトニングジェル
ハーフサイズ 内容量38g(約2週間分) 通常価格 3,036円(税込)
3 シワ
SPF35 PA+++
※11 メイクアップ効果により、カバーします
[オールインワンファンデーション]
パーフェクトワン CCクリーム(ナチュラル)
ハーフサイズ 内容量12g(約3週間分) 通常価格 2,200円(税込)
通常価格合計 7,766円(税込)のところ
合計3個で
3,999円(税込)
3,767円お得! 送料無料!
パーフェクトワンオールインワンジェルシリーズを初めてご購入のお客さま限定!
広告有効期限 2020年12月6日まで
さらに
[1つ1つ柄の出方が変わる一点物]
オリジナルポーチプレゼント!
すっぽり入る深マチ付!
ご注文はこちらへ!
24時間受付中
携帯電話もOK
通話料無料
0120・140・000
電話番号のお掛け間違いにご注意ください。
ご注文の際、キャンペーン番号をお伝えください。
キャンペーン番号
83505

화장품

□ ハリも美白もシワもぜーんぶ試せて3,990円

3,999엔으로 탄력도 미백도 주름도 전부 시용할 수 있어요.

□ ふくらむ コラーゲン 부풀어오르는 콜라겐

● 見た目印象を老けさせるハリ、潤い…。

겉보기 인상을 늙게 만드는 탄력, 윤기

● コラーゲンが3倍ふくらむ！気持ち上がる！印象アップ！

콜라겐이 3배 부풀어오른다! 기분이 업된다! 인상도 좋아진다!

□ No1 日本で一番売れている オールインワン ジェルシリーズ！

일본에서 가장 많이 팔리고 있는 올인원 젤 시리즈!

□ シミに挑む 기미에 도전하다

● 放っておけないシミ対策のお悩み…。내버려둘 수 없는 기미 대책 고민

● 美白有効成分アルブチンを配合！シミを作らせない！

미백 유효성분 알부친을 배합! 기미를 만들게 하지 않는다!

□ 7日間限定 ハリもシミもシワも ぜーんぶ試せるキャンペーン！

7일간 한정- 탄력도 기미도 주름도 전부 시험해볼 수 있는 캠페인!

● ハリ パーフェクトワン モイスチャージェル 2,530円(税込)

탄력- 퍼펙트원 모이스쳐 젤

● シミ パーフェクトワン薬用ホワイトニングジェル 3,036円(税込)

기미- 퍼펙트원 약용 화이트닝 젤

● シワ パーフェクトワン CCクリーム 2,200円(税込)

주름- 퍼펙트원 크림

□ 通常価格 合計3個で 3,999円 送料無料！

통상가격- 합계 3개로 3,999엔 송료가 무료!

□ パーフェクトワンオールインワンジェルシリーズを初めてご購入のお客さま限定！

퍼펙트원 올인원 젤시리즈를 처음으로 구입하시는 고객분 한정

□ さらに1つ1つ柄の出方が変わる一点物 オリジナルポーチプレゼント

또 하나하나 무늬의 연출이 바뀌는 한 점의 물건- 오리지널 포치 프레젠트

□ 24時間受付中 携帯電話もOK 通話料無料

24시간 접수중- 핸드폰도 OK 통화료 무료

ご注文はこちらへ！ 주문은 이쪽으로! 0120－140－000

ご注文の際、キャンペーン番号をお伝えください。

주문하실 때 캠페인 번호를 말씀해주세요.

キャンペーン番号 캠페인 번호：83505

천호재(千昊載)

일본 도호쿠(東北)대학 문학연구과 언어학박사(ph.d)
계명대학교 인문국제대학 일본어일본학과 교수 재직

마쓰오카 치즈코(松岡知津子)

일본 히로시마대학대학원 교육학연구과 박사(교육학)
국립미에대학 국제교류센터 부교수

日本広島大学大学院教育学研究科博士(教育学)
国立三重大学国際交流センター准教授

일본인들의 생활소비 행동과 생활어휘 들여다 보기

생활전단지를 통한 통찰력 있는 여정

초판 발행 _ 2023년 6월 20일

저　자 • 천호재 · 마쓰오카 치즈코
발행인 • 정 현 걸
발　행 • 신 아 사
인　쇄 • 대명프린팅
주　소 • 서울시 은평구 통일로 59길 4(2F)
전　화 • 02)382-6411 · 팩스 02)382-6401
홈페이지 • www.shinasa.co.kr
E-MAIL • shinasa@daum.net
출판등록 • 1956년 1월 5일 (제9-52호)

ISBN 979-11-92428-90-1(93730)

정가 17,000원